O USO DO
PORTFÓLIO
NO ENSINO SUPERIOR

Dados Internacionais de Catalogação na Publicação (CIP)
(Câmara Brasileira do Livro, SP, Brasil)

Ambrósio, Márcia
   O uso do portfólio no Ensino Superior / Márcia Ambrósio – 2. ed. – Petrópolis, RJ : Vozes, 2013.
   Bibliografia
   ISBN 978-85-326-4468-8
   1. Avaliação educacional 2. Ensino Superior 3. Pedagogia 4. Portfólios na educação I. Título.

12-13344   CDD-378.81

Índices para catálogo sistemático:
1. Portfólios no Ensino Superior : Educação
378.81

O USO DO PORTFÓLIO
NO ENSINO SUPERIOR

Márcia Ambrósio

1ª Reimpressão

EDITORA VOZES

Petrópolis

© 2013, Editora Vozes Ltda.
Rua Frei Luís, 100
25689-900 Petrópolis, RJ
www.vozes.com.br
Brasil

Todos os direitos reservados. Nenhuma parte desta obra poderá ser reproduzida ou transmitida por qualquer forma e/ou quaisquer meios (eletrônico ou mecânico, incluindo fotocópia e gravação) ou arquivada em qualquer sistema ou banco de dados sem permissão escrita da editora.

Diretor editorial
Frei Antônio Moser

Editores
Aline dos Santos Carneiro
José Maria da Silva
Lídio Peretti
Marilac Loraine Oleniki

Secretário executivo
João Batista Kreuch

Editoração: Maria da Conceição B. de Sousa
Diagramação: Sheilandre Desenv. Gráfico
Capa: Renan Rivero

ISBN 978-85-326-4468-8

Editado conforme o novo acordo ortográfico.

Este livro foi composto e impresso pela Editora Vozes Ltda.

SUMÁRIO

Agradecimentos, 7

Prefácio I – Iniciando a tessitura, 9
  Dra. Maria Isabel da Cunha

Prefácio II – Incluindo novos fios, 13
  Dra. Ângela Imaculada Loureiro de Freitas Dalben

Prefácio III – Arrematando as pontas, 19
  Dra. Benigna Maria de Freitas Villas Boas

1 O uso do portfólio no Ensino Superior: conceituação, 23

2 O uso do portfólio no Ensino Superior: uma experiência didática em foco, 47

3 O uso do portfólio na relação docente/discente e a construção do conhecimento, 87

4 Portfotos: uma pedagogia do encantamento, 121

5 A fotonovela *Tempo de despertar*, 147

Conclusões, 167

Referências, 175

AGRADECIMENTOS

Este livro é resultado da comunhão de conhecimentos e afetos de muitas pessoas. Fica minha eterna gratidão pelo aprendizado que juntos construímos.

À Prof.ª Ângela Imaculada Loureiro de Freitas Dalben que me ensinou por meio da sempre respeitosa relação que tivemos, da amizade, dos conhecimentos adquiridos, da sabedoria de vida, do jeito afetuoso de corrigir minhas produções, incentivando-me à continuidade, da sua alegria de viver, do seu empenho com o projeto de educação pública dentre outras tantas qualidades.

Às professoras Benigna Maria de Freitas Villas Boas (FaE/UnB), Maria Isabel Cunha (Unisinos), Maria de Lourdes Rocha de Lima (FaE/UFMG) e Ana Lúcia Amaral (FaE/UFMG), por contribuir na crítica e análise deste trabalho e a todos os professores da Faculdade de Educação da UFMG e amigos que, de um modo ou de outro, participaram da construção deste trabalho.

A Lorena e Camila, pedras preciosas, razão especial para eu estar neste mundo e produzir a cada dia uma forma irreverente de viver.

A meu pai e minha mãe, doutores na arte da vida. O amor que recebo deles melhora minha forma de ser e viver.

Às minhas seis irmãs professoras – Sílvia, Lúcia, Maria do Carmo, Virgínia, Cláudia, Karine e aos meus três irmãos – José, Daniel e Rozendo Júnior pelo eterno carinho e cuidado.

Às minhas sobrinhas e aos meus sobrinhos, por *colorirem* minha vida de alegria.

Aos nossos atores (estudantes) que participaram da experiência aqui analisada, deixando-se *invadir*. Eles que tanto me ensinaram com alegria, envolvimento, disposição e afeto e, diretamente, ensejaram a inspiração para escrever esta publicação.

A Mário Rizzo que me completa com seu amor.

A Deus, que garante nossa esperança e nos concede o dom da vida.

PREFÁCIO I
INICIANDO A TESSITURA

*Dra. Maria Isabel da Cunha**

> *[...] o portfólio se apresentou como uma estratégia*
> *importante para sua aventura metodológica e foi essa*
> *experiência o foco da teorização da sua tese, que agora*
> *se transforma em um importante livro [...].*

O campo da didática, tradicional na área da educação, vem sendo desafiado pelas formas contemporâneas de compreender o conhecimento, a aprendizagem e o ensino. Na medida em que nos afastamos duma perspectiva de ensino como transmissão do conhecimento e compreendemos que a mobilização dos estudantes se constitui num desafio para suas aprendizagens, fomos estimulados a repensar a didática e os conteúdos que historicamente fizeram parte de suas preocupações.

A compreensão, hoje expressivamente explorada na literatura, de que toda a formação é sempre autoformação, estimulou uma revisão da didá-

---

* Professora aposentada da Faculdade de Educação da Universidade Federal de Pelotas, onde foi pró-reitora de graduação (1989-1992) e coordenadora do Programa de Pós-Graduação em Educação. Atuou por 15 anos como supervisora pedagógica da Escola Técnica Federal de Pelotas. É docente-titular do Programa de Pós-Graduação em Educação da Universidade do Vale do Rio dos Sinos (RS). Fez parte da Comissão de Avaliação da área de Educação da Capes entre 1999 e 2005. Constituiu a comissão que propôs o Sinaes e fez parte da Conaes. Integrou o CA Educação do CNPq entre 2008 e 2011. Tem experiência na área de Educação, com ênfase em Educação Superior, atuando principalmente nos seguintes temas: Formação de Professores, Pedagogia Universitária e Avaliação Institucional.

tica, assumindo o protagonismo dos estudantes como o ponto-chave do processo de ensino. É preciso que o aprendente mobilize energias e seja reconhecido como alguém que desenha seu processo de aprendizagem de forma singular e criativa. Também foi se estabelecendo uma cultura de comunidades de aprendizagem que estimulam os processos coletivos de produção do conhecimento, numa visão que se contrapõe à tradicional cultura individualista de formação.

Essas mudanças vêm sendo protagonizadas, muitas vezes de forma invisível, nos espaços dos cursos de formação de professores, pois há uma compreensão que, na didática, forma é conteúdo. Isso quer dizer que a melhor forma de ensinar a ser professor é pelas práticas inovadoras que os estudantes possam vivenciar com seus professores no percurso de sua formação.

Se essa é uma responsabilidade de todos os docentes dos cursos de licenciatura, mais se apresenta como fundamental no ensino da didática, pois as práticas realizadas no contexto dessa disciplina precisam guardar coerência com os discursos por ela produzidos. Essa condição traz exigências especiais ao professor de Didática que, como todos os outros, carrega marcas de um processo de ensinar e aprender nem sempre coerente com a perspectiva do ensino como produção de conhecimento.

Se esta perspectiva desafia o professor nos diferentes momentos do ensino da Didática, é na avaliação que atinge a maior exigência de coerência epistemológica. Parece que já temos uma base de experiências interessantes que estimulam o protagonismo do aluno para aprender. Entretanto, no momento da avaliação da aprendizagem, um desafio se impõe: como valorizar os processos vividos pelos estudantes na mesma importância dos produtos de sua aprendizagem? Como ser coerente com o discurso da diversidade e da produção criativa, convivendo com os tradicionais padrões pré-estipulados e generalizadores para avaliar os alunos? Como exercitar uma avaliação que assuma os princípios do ensino como produção do conhecimento e manter o rigor necessário à sua formação?

Essas questões ainda exigirão dos profissionais da didática e da formação de professores muita reflexão e sistematização de novas experiências. Entretanto, algumas respostas foram delineadas na importante pesquisa da

Profa. Márcia Ambrósio, no contexto de sua tese de doutorado no Programa de Pós-Graduação em Educação da Universidade Federal de Minas Gerais.

Márcia, enquanto professora substituta na Faculdade de Educação da UFMG, exerceu a importante condição docente da ousadia. Vindo de sua condição de professora da educação básica, compreendia a necessidade de experimentar, na formação inicial de professores, processos mais holísticos e dinâmicos de aprendizagem que repercutissem na sua futura docência. Essa perspectiva não só exigia formas inovadoras de ensinar e aprender, mas também alternativas coerentes de avaliar. E o portfólio se apresentou como uma estratégia importante para sua aventura metodológica e foi essa experiência o foco da teorização da sua tese, que agora se transforma em um importante livro.

Além do significado do conteúdo, o texto da Márcia é de rara qualidade e nele percebe-se a determinação de quem está fortemente imbricada no tema e com uma trajetória de reflexão que extrapola o tempo do estudo. Ele se aninha na prática da professora, o que caracteriza de forma significativa a sua exploração.

Para estimular o leitor a percorrer as páginas deste livro ressalto aspectos que me parecem significativos e que revelam minha percepção sobre o texto:

- A escolha metodológica da investigação-memória extrapola o relato de experiência de uma professora com seus alunos. Exprime uma concepção de pesquisa de notada complexidade e de rara sensibilidade, num exercício intelectual de imersão e afastamento digno de nota. Com isto Márcia inaugura (ou reforça) uma experiência singular de pesquisa em que o pesquisador e seus sujeitos vão se articulando em sintonia, sem perder a condição dos papéis que representam.

- Vale ressaltar que se trata de uma pesquisa "vivida". Não fala de algo produzido por outros. Explora a si mesmo como sendo parte dos atores e do conhecimento produzido, demonstrando coragem, criatividade e crença nos alunos como sujeitos aprendentes e ensinantes.

- O portfólio se constituiu num instrumento que estimulou a teorização de uma experiência bem mais ampla do que ele. E, nesse contexto, o referencial teórico favoreceu a condição analítica de diálogo com distintos autores, dando pertinência à presença deles no texto, dialogando com a descrição densa da experiência vivida-refletida e transformada em investigação-memória. E esse é um dos pontos altos do texto, que pode ser de significativa importância para os leitores, pela forma etnográfica de registro e descrição que vivenciam.

O trabalho da Márcia é importante para fazer frente a um discurso que registra uma percepção de reações conservadoras dos estudantes que, ao contrário do que se pensava há algum tempo atrás, parecem desejar aulas formais, matéria "dada", docentes transmissores de informações. Se essa condição é recorrente, afetada pela lógica pragmática do aligeiramento como uma condição acadêmica, a experiência vivida pela Márcia com seus alunos de licenciatura testemunha que é possível sair do lugar comum e viver com os estudantes experiências criativas de aprendizagem.

Ao percorrer a descrição do processo vivido pela autora no espaço de formação inicial de professores, fica-se com a nítida impressão de que seus estudantes jamais esquecerão da experiência que protagonizaram e da professora Márcia. E que, certamente, haverá, no processo vivido, uma inspiração intensa para o trabalho que virão a desenvolver no decorrer de sua profissão. Haverá maior recompensa ao trabalho de um professor que forma professores?

As experiências e a investigação que deram origem ao conteúdo desse livro testemunham o esforço que vem sendo feito para neutralizar a competitividade em favor da solidariedade, especialmente acreditando no trabalho colaborativo. A expectativa é de que a socialização do conhecimento produzido nesse contexto possa estimular outras possibilidades similares, numa rede de energias que apontem para uma educação da melhor qualidade.

Porto Alegre, 22 de março de 2012.

PREFÁCIO II
INCLUINDO NOVOS FIOS

Dra. Ângela Imaculada Loureiro de Freitas Dalben*

> *Márcia evidencia em seu livro as possibilidades presentes num processo de formação que tem o diálogo como método, fonte de conhecimento e processo de comunicação legítima. Diálogo que promove uma relação pedagógica cuja tônica maior está posta na curiosidade pelo conhecimento, na criatividade, na inovação e na imaginação.*

Comênio, no século XVI, profetizou a máxima que deveria nortear as práticas docentes numa época em que começavam a trazer à tona as possibilidades de alfabetizar as massas e expandir a educação para o povo. Para ele, todo professor, ao estar diante do seu aluno, deveria dominar a arte de ensinar e saber que todos são capazes de aprender. Mas para isso o professor deveria aprender as ferramentas capazes de ensinar tudo a todos, conforme suas necessidades, isto é, deveria dominar a didática e seus princípios.

Anos se passaram e, até hoje, embora muito se tenha produzido a respeito do ensino em geral, do ensino das diferentes áreas, da educação dos

---

* Professora-associada da Universidade Federal de Minas Gerais; é coordenadora da Rede Veredas – Formação Superior de Professores em exercício dos anos iniciais do Ensino Fundamental. Foi diretora da Faculdade de Educação da UFMG, gestão 2002-2006, Pró-reitora de Extensão da UFMG, gestão 2006-2010, e membro do Conselho Estadual de Educação de Minas Gerais. Diretora da Magistra – Escola de Formação e Desenvolvimento Profissional de Educadores do Estado de Minas Gerais (2012).

povos e dos diferentes povos, muitos erros têm sido cometidos pelos professores em sala de aula e nas escolas e muitos erros foram sendo acumulados, também, pelos gestores das políticas das escolas e das salas de aula, esquecidos talvez das importantes propostas desse nosso antecessor.

Paulo Freire, já no século passado, mais uma vez retornou a um conjunto desses princípios fundamentais, desejoso de que a educação fosse um direito de todos e acrescentou de maneira sábia e bela a importância do diálogo, da amorosidade, da crença e esperança no outro que está diante do professor. Deu importância à crença do professor naquilo que o estudante é capaz de aprender, naquilo que já sabe e que, às vezes, é bastante diferente daquilo que o professor sabe. Paulo Freire insistia na importância do professor acreditar na existência dos conteúdos presentes na história de vida dos estudantes, na lógica própria desses conteúdos e nas inúmeras possibilidades criadas pelos sujeitos na construção de suas vidas.

Semelhantemente a essas duas referências, podemos citar outras, como Rousseau, Freinet, Montessori, autores que organizaram suas teorias em torno de uma categoria fundamental do processo de formação dos sujeitos – a relação pedagógica.

A educação é um fenômeno humano, histórico, social, cultural; é por isso multidimensional. Não existe um único modelo de educação. A escola não é o único espaço de educação dos sujeitos e nem o professor é o único profissional responsável pelo processo educativo. Os meios de comunicação são a expressão concreta dessa nova modalidade de formação cultural. Nesse contexto, sabe-se que a ação educativa se faz nas relações do homem com o mundo e Marx e Engels disseram: o homem se educa, se faz homem na produção e nas relações de produção, movimento permeado por um projeto educativo em que se processam as relações trabalho/educação no sentido de educar o homem. Nessa medida, a identidade do binômio educação/trabalho conduz à reflexão acerca das mútuas e múltiplas implicações que esses elementos podem acarretar no processo de formação dos sujeitos. Assim, se por um lado esses sujeitos adquirem, na escola, com seu estatuto de educação formal, o domínio dos instrumentos básicos para leitura, compreensão, intervenção e transformação da realidade; de outro lado, no trabalho eles se relacionam com a natureza e o mundo social que os cercam, transformando-os e adaptando-os às suas necessidades de sobrevivência. Nessa interação, o homem produz novos conhecimentos sobre si e a natureza e, ao mesmo tempo, os modifica. Essa dinâmica educativa se faz por meio da comunicação, ou seja, os sujeitos interagem e criam vínculos a partir de sentidos e significados presentes no conjunto de conteúdos sociais produzidos na interação. Portanto, a relação pedagógica ou relação educativa se dá, essencialmente, por uma relação de comunicação.

A ação educativa é, então, um processo de relações humanas pedagógicas, em que o conteúdo é um componente chave. É uma atividade de interação entre quem ensina e quem aprende, cujo vínculo é intencional. Essa relação pedagógica se estabelece num processo dinâmico, interativo, em que os participantes nela envolvidos (professores e alunos) elaboram e partilham conhecimentos. Nesse processo, eles utilizam diversos recursos e variadas formas e linguagens para expressá-los, como escrita, gestos, signos e símbolos visuais, musicais, estéticos e outros. A relação pedagógica, assim estabelecida, propicia movimentos mútuos e complementares que culminam com a aprendizagem.

Um conceito simples, aparentemente óbvio, que é objeto de estudo da obra de autores clássicos, a relação pedagógica torna-se, também, a centralidade do trabalho de pesquisa de Márcia Ambrósio Rezende quando articula as categorias avaliação, portfólio e registros de aprendizagem.

Márcia, atendendo ao Mestre Comênio, propõe a si própria exercitar a didática e a arte de ensinar. Assume os princípios metodológicos de Paulo Freire e acredita nos estudantes e nas suas possibilidades de coautoria nessa obra de arte, propondo a criação do Curso de Didática em Licenciatura em parceria com eles. Mas inspira-se, também, em Humberto Eco, e propõe que seja uma *obra aberta* e que, dialeticamente, em cada encontro as propostas de criação sejam sempre uma síntese provisória das inúmeras possibilidades que serão experimentadas na construção da relação pedagógica – professor/estudantes/conhecimentos didáticos. E Márcia constrói a relação pedagógica da seguinte forma:

1) *Vivenciar a realização do Curso de Didática da Licenciatura como uma experiência incorporada a muitas emoções.* O planejamento torna-

se elemento fundamental do processo. *Decidiu-se que só depois de uma sondagem com os alunos o programa seria apresentado.* A cada encontro apresenta-se o plano e revê-se permanentemente o *programa provisório do curso.* Não se pode perder de vista as expectativas dos alunos que se tornam objetivos. Nesse sentido, mais do que perseguir um produto, o maior produto do curso é o processo.

2) O plano de curso deveria ser modelado a partir do diagnóstico inicial com os estudantes, mas a cada encontro foram se estruturando os conteúdos, estabelecendo os novos objetivos, as razões e os critérios de avaliação que orientariam o percurso. Fez-se um documento inicial, uma ementa provisória que foi colocada à disposição dos alunos e distribuída individualmente no segundo dia de aula, para orientar e delimitar vínculos. Assim, a própria experiência do professor foi se fazendo como um processo de autoformação. *No primeiro ano da experiência o formato da aula estava centrado no desenvolvimento de seminários temáticos. No segundo ano da experiência, o formato das aulas foi reestruturado.* Cada encontro se desenvolvia por intermédio de dinâmicas motivadoras para os debates e para a construção de projetos de trabalho. Ao longo da experiência o programa do curso foi sofrendo alterações, às vezes na ordem da discussão dos conteúdos, alterações nas referências teóricas, na inclusão, exclusões e/ou modificações nas abordagens metodológicas das aulas. Os estudantes trabalhavam na confecção *in loco* de apresentações em sala de aula, seminários, trabalhos de construção de texto coletivo, trabalhos individuais, relatórios de observação e, quando necessário, fazia-se uso das aulas expositivas para exploração de conceitos e procedimentos.

3) *A aula se tornou um palco em que diferentes atores se relacionavam, trocavam ideias, aprendiam e ensinavam por meio de metodologias ativas. As diversas possibilidades metodológicas tornaram o processo ensino/aprendizagem mais flexível, permitindo colocar os alunos em situação de desafio para aprender.*

4) A avaliação do curso centrou-se em conteúdos e procedimentos. Os processos de avaliação representavam os próprios processos em busca das aprendizagens – contínuas, dinâmicas, investigativas – e colabora-

riam para que os sujeitos pudessem expressar diferentes possibilidades de produção do conhecimento e a tomada de consciência crítica dos modos de agir que utilizavam frente às tarefas que lhes eram propostas. As estratégias metodológicas de trabalho podiam ser sintetizadas da seguinte forma: problematização a partir da escuta; nova escuta, mais elaborada e organizada, com conteúdo a ser desenvolvido pelos alunos; definição de ações de formação a partir de experiências inovadoras; ressignificação da prática das aulas na qual os alunos precisam se envolver reconhecendo-se como sujeitos. Da mesma forma, a estrutura do portfólio, como instrumento capaz de emoldurar as aprendizagens possíveis, foi adequada aos processos pedagógicos vividos, estimulando-se as ações que envolviam estudos de referenciais teóricos e as ações específicas de formação do futuro estudante/professor, favorecendo e promovendo o diálogo com a diversidade de pensamentos e valores presentes nas experiências inovadoras conhecidas por meio de *rede de troca com as próprias escolas visitadas pelos estudantes*. Dessa forma, foi permitido um espaço relevante de diálogo compartilhando responsabilidades – professor / estudantes / contexto prático de formação / contexto sociopolítico do sistema escolar.

5) A concepção de educação que norteou a pesquisa de Márcia não foi permeada pela pretensão de ensinar um modelo educacional, ou dar respostas prontas, mas o mais importante estava no objetivo de desenvolver atitudes favoráveis ao comprometimento com o processo de ensinar e aprender, à convivência, à solidariedade e ao incentivo na busca de informações, independentemente do auxílio da docente, mas sempre mediado por ela, com o cuidado para que a relação pedagógica fosse respeitosa, amorosa, confiante, criativa e livre de preconceitos e receitas prontas.

Ensinar *a ser* professor não é uma tarefa fácil porque implica a construção pelo aluno de pensamentos autônomos e críticos, de formulação de juízos de valor, de critérios éticos fundamentais para a tomada de decisões com discernimento e sensibilidade. Mas isso só é possível quando existe uma relação de reciprocidade entre professor e alunos frente a esse conjunto de valores; quando existe o reconhecimento do outro, o respeito à diversidade de personalidades e a pluralidade de estilos, valores e ideias que fazem a riqueza do ser humano e a beleza da humanidade. Márcia evidencia em seu livro as possibilidades presentes num processo de formação que tem o diálogo como método, fonte de conhecimento e processo de comunicação legítima. Diálogo que promove uma relação pedagógica cuja tônica maior está posta na curiosidade pelo conhecimento, na criatividade, na inovação e na imaginação.

Márcia é corajosa e ousada na sua proposta de ensinar com arte e de pesquisar da mesma forma. Como sua orientadora um dia, posso falar de sua extraordinária capacidade de amar o conhecimento e se colocar inteira em todos os seus trabalhos. O livro não esconde sua forma de pensar, agir, seus medos e dificuldades que, como objetos de pesquisa, se transformaram em pérolas para os futuros professores em formação. O texto é belo e a riqueza que aflora das experiências vividas é fonte inesgotável de reflexões.

Belo Horizonte, 2 de abril de 2012.

PREFÁCIO III
ARREMATANDO AS PONTAS

*Dra. Benigna Maria de Freitas Villas Boas**

> *O trabalho com o portfólio é especialmente importante nos cursos de licenciatura. Ele põe em evidência o protagonismo do estudante, que não perde a sua história ao entrar na sala de aula, como afirmou Marina. Se queremos abolir a avaliação classificatória e adotar a formativa, um dos principais meios é vivenciá-la com os futuros profissionais da educação. O portfólio é uma das possibilidades.*

A pesquisa e a tese de doutorado que originaram este livro partem da seguinte questão: quais conhecimentos e significados os docentes e discentes constroem em sala de aula quando vivenciam a construção de portfólios de aprendizagens num contexto de relação pedagógica dialógica e participativa? Desta questão retiram-se três palavras-chave: portfólio, relação dialógica e relação participativa. Percebe-se, assim, que esta produção se integra às que não se dedicam a denunciar as mazelas educacionais. Ao contrário, aponta possibilidades para que o trabalho da sala de

---

* Possui mestrado em Ensino pela University of Houston, Texas (1978), doutorado em Educação pela Universidade Estadual de Campinas (1993) e pós-doutoramento em Educação pelo Instituto de Educação da Universidade de Londres (1997). É pesquisadora colaboradora da Universidade de Brasília, coordenadora do Grupo de Pesquisa, Avaliação e Organização do Trabalho Pedagógico (Gepa) e autora de vários livros, dentre eles, *Portfólio, avaliação e trabalho pedagógico*.

aula se renove por meio de dois princípios fundamentais: a criatividade e a autoavaliação.

Márcia ousou ao enfrentar essa empreitada, apesar das resistências iniciais dos estudantes. Mas não perdeu o ânimo. Apoiou-se no trabalho com o portfólio, que requer criatividade pelo professor e pelos estudantes. Mitjáns Martinez (*Criatividade, personalidade e educação*. Campinas: Papirus, 1997) nos ensina que o ato criativo possui duas características essenciais: a novidade e o valor em um determinado campo da ação humana. O uso do portfólio como novidade não pode ser entendido como modismo. A novidade significa fugir à mesmice e, no caso da avaliação, dos procedimentos previsíveis e que visam somente à atribuição de notas. Foi o que Márcia fez: aceitou experimentar o processo *transitório* de substituir a mesmice da relação pedagógica e do formato avaliativo acadêmico pelo complexo processo didático presente na construção de portfólios de aprendizagem. Essa é uma das qualidades da sua obra.

Causa espanto o depoimento de uma das estudantes de um curso de licenciatura: "Até então a faculdade não havia me dado esta oportunidade. Perdi minha criatividade e entusiasmo. Literalmente, adoeci. Perco um pouco da minha história no momento em que entro em uma sala de aula, não sou mais a Marina, sou mais uma aluna. Os professores não fazem questão nem de perguntar o meu nome, não faz diferença ali". A estudante reclama do fato de nunca ter tido a oportunidade de construir um portfólio. Para ela, ser uma aluna significa fazer o que todos fazem, ao mesmo tempo e do mesmo jeito, sem nome. É o oposto do que se espera de um curso de formação de profissionais da educação.

O portfólio faz parte da prática pedagógica que valoriza a criatividade expressa na organização do trabalho pedagógico pelo professor e pelos estudantes. Nesse contexto a estudante Marina não manifestaria tanto descontentamento e tanta angústia. Sorte dela que passou a vivenciar um processo em que a sensibilidade da Márcia favoreceu as aprendizagens de todos os estudantes por meio de um recurso pedagógico que permite aos estudantes: se apresentarem, inserirem suas produções e destacarem as que lhes são mais significativas; incluírem suas análises, percepções, seus sentimentos e suas escolhas; apreciarem continuamente o processo de aprendizagem; reconhecerem a autenticidade do trabalho porque todas as suas etapas são expostas e analisadas; produzirem reflexões sobre o uso do portfólio em sua futura área de atuação; terem o seu trabalho e o dos educadores valorizado porque é posto à mostra. O trabalho com o portfólio pode revolucionar as práticas pedagógicas principalmente nos cursos de formação de profissionais da educação, tão impregnados de formatos ultrapassados. Contudo, cabe deixar claro: o trabalho com o portfólio não é o "remédio para todos os males". O seu valor se encontra no fato de desvelar o contexto ao qual se vincula.

Para que, segundo a Márcia, o portfólio seja um recurso dinamizador da avaliação ao estabelecer um forte vínculo entre diagnóstico, processo e produto, colocando a avaliação em todas as situações de interação professor-aluno, permitindo também que o estudante regule seus processos de pensamento e aprendizagem, além da criatividade, outro princípio está sempre presente: a autoavaliação pelo estudante. Este é um dos maiores facilitadores da avaliação formativa nas escolas de educação básica e superior. Márcia declara:

> Os estudantes eram estimulados a elaborar suas atividades e nunca descartá-las. O refazer numa 1ª, 2ª, 3ª versão etc. revelava o crescimento acadêmico de cada estudante e diante do processo iam sendo capazes de se autoavaliar e demonstrar suas aprendizagens. Destarte, os documentos analisados e que compunham os portfólios eram trabalhos que já haviam sido lidos pela professora e devolvidos com apreciações para a sua finalização e/ou clareamento de ideias presentes no texto, mas interrompida e/ou pouco delineada.

Eis uma das virtudes do portfólio: todas as produções discentes ficam registradas e podem ser apreciadas a qualquer momento e por diferentes pessoas. Ele revela a trajetória de aprendizagens dos estudantes. Além disso, desmistifica o entendimento de estudantes e professores que deixar registradas as atividades ainda incipientes e frágeis desvaloriza o trabalho. Assim pensam os adeptos da avaliação classificatória. Não é o que quer a avaliação formativa: ela deseja que os estudantes tenham clareza do que já aprenderam e do que lhes falta aprender para que eles próprios tracem seus objetivos. Assim se formam para a autonomia intelectual.

O grande mérito da obra da Márcia é apresentar a teoria e a prática do portfólio por meio de pesquisa conduzida junto a estudantes de cursos de licenciatura, futuros profissionais da educação. Cerca de 450 estudantes construíram seus portfólios. Resistiram, a princípio. Reclamaram. Expuseram seus medos e inseguranças. Por fim, confiaram na proposta da Márcia. Disso tudo resultou este trabalho maravilhoso.

Brasília, 12 de abril de 2012.

1
O USO DO PORTFÓLIO NO ENSINO SUPERIOR: CONCEITUAÇÃO

Neste capítulo procura-se fazer a definição de portfólio, que pode ser entendida enquanto ferramenta pedagógica para uma coleção organizada e planejada de trabalhos produzidos pelo(s) estudantes, ao longo de um determinado período de tempo, de forma a poder proporcionar uma visão alargada e detalhada da aprendizagem efetuada bem como dos diferentes componentes do seu desenvolvimento cognitivo, metacognitivo e afetivo. Salienta-se como os registros contidos no portfólio podem ser definidos assim como os objetivos e o processo de sua elaboração. Discute-se que o uso de tal prática colabora para a reflexão sobre a identidade de cada estudante, do docente, em cada contexto, enquanto construtores do seu desenvolvimento ao longo da vida. Por fim, comenta-se brevemente seu uso no Ensino Superior, contextualizando-o como resultado das reformas educacionais ocorridas em diferentes países do mundo. Em meio ao controle avaliativo imposto pelas propostas neoliberais, vai-se observar concomitantemente a formatação de novas possibilidades avaliativas: a imple-

mentação de uma avaliação formativa, por seus aspectos de acompanhamento contínuo e processual do conhecimento, dando ao próprio estudante a responsabilidade de apontar seus avanços e desafios a serem vencidos.

1) Conceituando portfólio

Tradicionalmente ligado ao mundo das artes visuais e da moda, o conceito de portfólio quebrou fronteiras e adquiriu uma reconfiguração específica no campo educativo. Portfólio de Aprendizagem pode ser uma ferramenta pedagógica que permite a utilização de uma metodologia diferenciada e diversificada de monitoramento e avaliação do processo de ensino e aprendizagem, não desviando a atenção da carga de efeitos inerente à situação de aprendizagem. O uso de portfólios de aprendizagem dá relevância e visibilidade ao processo formativo de aquisição e desenvolvimento de competências. O seu caráter compreensivo, de registro longitudinal, permite verificar dificuldades e agir em processo, no tempo da aprendizagem, ajudando ao estudante. Possibilita a compreensão tanto da complexidade como das dinâmicas inerentes ao crescimento do saber pessoal. Valoriza e fomenta a reflexão sobre aprendizagem, o que conduz ao desenvolvimento da metacognição e ao aprofundamento do autoconhecimento (KLENOWISK, 2001, apud VILLAS BOAS, 2004).

A utilização de portfólios de trabalhos produzidos por estudantes ao longo de um período de aprendizagem é uma abordagem que tem sido utilizada por docentes ingleses e norte-americanos[1] com o objetivo de exercitarem uma proposta avaliativa mais autêntica, participativa e reflexiva (FERNANDES et al., 1994). O uso de portfólio tem demonstrado um bom exemplo dos efeitos reais, possíveis de concretizar a avaliação de maneira processual e sendo, de fato, formativa. O portfólio pode ser definido como uma coleção dos trabalhos realizados pelos estudantes que permitem acompanhar o seu desenvolvimento por meio de diferentes formas de análise, avaliar, executar e apresentar produções desencadeadas de ações de ensino/aprendizagem desenvolvidas num determinado tempo/espaço.

---

1. Archbal de Newmann, 1992; Moss, Beck, Ebbs, Matson, Muchmore, Steele, Taylor e Herter, 1992; The Vermont Department of Education, 1991.

Como acontece o processo? O estudante guarda seus trabalhos. Trabalhos estes que vão mostrar pistas, evidências, vestígios dos conceitos, fatos, procedimentos, atitudes desenvolvidas durante um tempo mediado por um(a) docente. Neste sentido, Hernández (2000: 166) define portfólio como

> [...] um continente de diferentes tipos de documentos (anotações pessoais, experiências de aula, trabalhos pontuais, controles de aprendizagem, conexões com outros temas fora da escola, representações visuais etc.) que proporciona evidências de conhecimentos que foram sendo construídas, as estratégias utilizadas para aprender e a disposição de quem o elabora para continuar aprendendo[2]. [...] Um portfólio não significa apenas selecionar, ordenar evidências de aprendizagem e organizá-las num formato para serem apresentadas. [...] O que caracteriza definitivamente o portfólio como modalidade de avaliação não é tanto o seu formato físico (pasta, caixa, CD-Rom etc.), mas sim a concepção de ensino e aprendizagem que veicula.

Sendo o portfólio um conjunto de ações de sucesso voltado para o melhor resultado do ensino e da aprendizagem como apontou Hernández, seus resultados agregam valores ao processo por meio da experiência desenvolvida dentro de um determinado período de tempo, por uma análise contínua durante a evolução de um projeto, identificando possíveis potenciais problemas que possam ocorrer no decorrer do desenvolvimento. Sá-Chaves (1998), indo ao encontro da ideia de Hernández, define portfólio como um instrumento de construção de conhecimentos no processo ensino-aprendizagem. Pode ser considerado uma forma diagnóstica e contínua de acompanhamento e avaliação de um trabalho desenvolvido, em que se pode verificar e problematizar hipóteses em variadas situações. Nesse sentido, portfólios de aprendizagem são coleções de informações importantes vindas de diversas fontes: livros, revistas, jornais, internet, depoimentos de alunos, pais, professores, funcionários e demais envolvidos no trabalho,

---

2. Um artista, arquiteto, publicitário, *designer* ou modelo de moda pode apresentar um portfólio de seu trabalho realizado até aquele momento, visando conquistar novos trabalhos. O portfólio, neste caso, consiste de um conjunto de fotografias, recortes de jornais e revistas, peças produzidas ou outros registros de sua trajetória.

entre outros, fundamentados em registros (anotações) da experiência escolar cotidiana, ou seja, dos momentos de aprendizagem.

Segundo Seldin (2004), as oportunidades formativas criadas pelo uso de portfólios vêm garantindo sua presença há mais de 20 anos, em cerca de 500 universidades, nos Estados Unidos da América com sua extensão para universidades em todo o mundo.

Na proposta de Seldin (2004) e autores que compõem a obra por ele organizada, *The teaching portfolio: a pratical guide to improved performance and promotion/tenure decision*, há orientações relevantes para o portfólio de ensino, inclusive por meios eletrônicos[3]. Para os autores, o portfólio docente e discente deve colaborar para o crescimento de ambos e a melhoria da qualidade da ação pedagógica. Embora seja de procedimento muito trabalhoso, os benefícios advindos dele têm sido apontados na literatura como compensadores do tempo e da energia despendidos.

Conforme Sá-Chaves (2000), o portfólio é, simultaneamente, uma estratégia que facilita a aprendizagem e permite a sua avaliação. Assim, o portfólio é uma estratégia didática, é um artefato de aprendizagem em que se registra constantemente, a partir da pesquisa, uma seleção de amostras do trabalho, as dúvidas e as conquistas, o que leva à descoberta do mundo do conhecimento em sua complexidade.

Segundo Shores e Grace (2001: 43): "[...] o portfólio é definido como uma coleção de itens que revela, conforme o tempo passa, os diferentes aspectos do crescimento e do desenvolvimento de cada criança". Os registros contidos no portfólio podem ser definidos, segundo as autoras supracitadas, como: 1) *da aprendizagem da turma*: documentados por trabalhos, fotos e vídeos; entrevistas, gráficos, tabela de dados, textos, desenhos, frases, fotos, vídeos, reflexões, análises, depoimentos; 2) *estudos independentes*: pesquisas, análises e reflexões, realizadas a partir do interesse e necessidade de ir-se além dos conteúdos selecionados; 3) *estudos de caso*: temas

---

3. Segundo Sousa et al. (s.d.: 2) "portfólio eletrônico é um desafio que se começa a enfrentar, nesta oportunidade, principalmente porque a partir de uma utilização mais simples pesquisa-se a ocorrência de novas categorias que serão incluídas nos próximos, para dar melhor visibilidade às reflexões de docentes e discentes no processo de ensino e de aprendizagem. As categorias indicadas a princípio exercem, assim, um papel experimental".

selecionados e abordados no dia a dia da sala de aula; 4) *memórias*: registros narrativos das aulas, dos encontros, da observação das situações de aprendizagem, seus sucessos e hipóteses. As *memórias* podem ser coletivas (dos alunos) e individuais (do professor), diárias, semanais, quinzenais ou mensais, construídas com os alunos a partir de elementos metodológicos, conceituais e avaliativos que aprofundem conhecimentos e enriqueçam as aulas e a produção de textos da turma de forma clara, coesa e objetiva; 5) *amostras de trabalhos*: seleção de amostras do trabalho desenvolvido por todos os envolvidos, tornando-se um arquivo, um documentário; metas, objetivos e combinados da turma para um bom andamento e organização do trabalho.

As autoras supracitadas descrevem os seguintes objetivos diante da construção de um portfólio de aprendizagem: 1) aprender como se aprende; 2) conhecer para aprender; 3) levantar hipóteses; 4) buscar alternativas e soluções possíveis para as questões do mundo, aparentemente, desconhecido; 5) levar o estudante ao universo da pesquisa; 6) propiciar o registro, análise e acompanhamento das ações cotidianas no diário de aprendizagens; 7) colaborar com o aluno nas suas diferentes formas de aprender e de ver o mundo.

Para Shores e Grace (2001), ao se construir um portfólio, é necessário estabelecer um conjunto de regras básicas para a coleta de itens que devem ser arquivados para a pesquisa. Podem ser coletados mostras dos trabalhos e material de pesquisa: fotografias, registros escritos, avaliações, desenhos, entre outros, que permitem registrar, arquivar e documentar o trabalho durante todo o seu desenvolvimento. Essa ação faz com que os portfólios se transformem em material de consulta e reflexão contextualizado.

Nesse sentido, o portfólio pode ser entendido como um instrumento que compreende a compilação de todos os trabalhos realizados pelos estudantes durante um curso ou disciplina e inclui registro de visitas, resumos de textos, projetos e relatórios de pesquisa, anotações de experiências, ensaios autorreflexivos: quaisquer tarefas que permitam aos alunos a discussão de como a experiência no curso ou disciplina mudou sua vida, seus hábitos. Em termos práticos, a montagem de um portfólio pode ser decomposta em passos ou etapas uma após a outra ou combinadas entre si: 1) estabelecer uma política para portfólio; 2) coletar amostra do trabalho; 3) fotografar; 4) entrevistar; 5) consultar os seus planos; 6) realizar registros sistemáticos; 7) preparar relatórios; 8) realizar registros; 9) conduzir reuniões para análise; 10) usar portfólios em situações de transição (SHORES & GRACE, 2001).

Segundo Shores e Grace (2001), embora as etapas não sejam obrigatórias como um todo, cada uma, quando usada, necessita de operações inseridas na dinâmica e na duração da ação permitindo *feedback*, para que ambos, professor e aluno, se situem em relação ao objetivo, e propicia um encaminhamento de ajuste do processo.

Indo ao encontro dos teóricos levantados para conceituar portfólio, finaliza-se este tópico com uma ilustração. É um trecho do diálogo fictício que uma estudante realiza com sua mãe no intuito de revelar seus pensamentos e posições diante do desafio de construir seu portfólio. Ela foi decifrando o conceito de portfólio, avaliando a si mesma, a professora, ao mesmo tempo em que revela como pretende dar formato ao seu trabalho final. Ao usar essa estratégia de pensamento, a estudante foi colocando em evidência diferentes saberes, sua capacidade de criação, de investigação, dando um toque de ludicidade aos conhecimentos acadêmicos adquiridos ao longo do curso de didática.

> Hoje acordei mais cedo e, azul, tive uma ideia clara. Só existe um segredo. Tudo está na cara (Leminsky)[4].

> – Mãe, finalmente decidi que farei meu portfólio!
> – Ah, é? Como?
> – Bom, se portfólio é uma pasta onde se ajunta um bocado de folhas, é isso que eu vou fazer. Vou juntar um tanto de folhas e tudo mais que eu fiz nesse semestre e entregar para ela.
> – Ficou doida, menina? A gente não entrega coisas para a professora assim não. Tem que fazer caprichadinho...

---

4. Este trecho foi escrito em cartão cor-de-rosa nos seguintes tamanhos: 10cm x 5cm. Colocado com um clip sobre a folha A4 azul com as inscrições destacadas no excerto que se segue.

– Mas, sabe, eu queria fazer um portfólio meio desconstruído!

– É! Parecendo as coisas que eu recolho da minha escrivaninha todo final do semestre.

– Aquela bagunça? Minha filha, a professora vai achar que você é meio...

– Desorganizada?

– É

– Ué! Mas eu sou!

– Não sei, não, hein! Acho que a professora vai tirar ponto...

– Acho que ela vai gostar. Ela é meio doida também...[5]

– Escuta aqui, menina! Então, afinal de contas o que você vai colocar no tal portfólio?

– Bom, os textos que escrevi e a professora corrigiu, alguns comentários, bilhetinhos, sei lá, talvez alguns textos que eu li e me lembraram alguma coisa que a gente comentou na aula.

Talvez páginas coloridas para ficar mais divertido. Ah! Vou arrancar algumas páginas do meu caderno e colocar lá também.

– Sei. Páginas arrancadas, né?

– É. As que eu achar que têm alguma relevância, que tiverem alguma anotação sobre o portfólio. E tem que acrescentar também as autoavaliações de cada atividade. Só que eu vou escrevê-las como se fossem lembretes, sabe?

– E tudo... como é? Desconstruído?

– Vai entender... (Letícia)[6].

Em seu glossário de palavras a estudante, dando continuidade à amostra de suas construções, procura o entendimento das palavras ditas e frequentemente usadas no curso. Glossário esse digitado em papel A4 cor-de-rosa, com laço de papel amarelo grampeado para enfeitar.

---

5. Trecho escrito em folha A4, de cor azul.
6. Trecho escrito em metade de folha A4, de cor amarela.

Avaliado – adj. (avaliar + dor). 1. Que se avaliou; 2. Que tem valor determinado; 3. apreciado, estimulado, julgado;

Avaliar – v. (a + valia + ar) 1. Calcular ou determinar o valor, o preço ou o merecimento de; 2. Reconhecer a grandeza, a intensidade, a força de; 3. Apreciar; 4. Computar; orçar.

Desconstrução – 1. Ato de destruir. Demolição; 2. Desfazer uma edificação. 3. Modo como uma coisa é desfeita; 4. Desorganizar.

Portfólio – s.m. (do inglês) 1. Pasta para documentos ministeriais; 2. Pasta para guardar amostras, ábuns e folhetos.

Processo – s.m. (do latim) 1. Ato de proceder ou andar; 2. Sucessão sistemática de mudanças em uma direção definida. 3. Seguimento, decurso; 4. Ação de ser feito progressivamente. 5. Conjunto de peças que servem à introdução do juízo, auto.

Paulo Leminski – (de Curitiba). 1. Poeta que fez parte da geração de "poetas marginais" nos anos de 1970; 2. Um dos nomes mais populares da poesia contemporânea brasileira; 3. Sua obra assimilou elementos da primeira fase do modernismo, como o coloquialismo, o bom humor e o concretismo[7].

Tem-se um exemplo de como os estudantes, ao serem provocados em suas capacidades de criação, são capazes de desenvolver um trabalho irreverente, rico e formativo[8]. Além de usar os conhecimentos que o curso instigou a conhecer, trouxe novas informações acrescentadas pela capacidade de aprender brincando. Ao brincar com as palavras, a estudante inventou uma forma própria, inusitada e original para apresentar seus saberes, trazendo à tona novas informações como a citação feita do poeta Paulo Leminski, no início do excerto, bem como as informações básicas sobre ele, presentes no fim do excerto, no glossário de palavras.

---

7. Trecho registrado em folha A4, cor-de-rosa.

8. O capítulo 5 desenvolverá especificamente a relação pedagógica estabelecida entre docente e discente como fator desencadeante de projeto de trabalhos ricos e da elaboração de portfólios de aprendizagem dignos de serem publicizados academicamente.

Diante do glossário supracitado dúvidas podem ser sanadas e/ou trazer novas questões. Na tentativa de ampliar a definição do que seja um portfólio, vê-se que, além da ajuda que um glossário de palavras pode desvendar, torna-se necessário buscar, como se fez acima, a colaboração dos referenciais teóricos e de dados empíricos que atualmente se articulam para discutir o tema.

A organização do material produzido pela estudante transformou-se em uma pasta *arquivo* produzida paulatinamente durante o curso de didática. Numa primeira etapa da proposta ocorre a inclusão de anotações diárias, visitas, resumos, projetos, relatórios, desenhos, provas, testes, esquemas, fotos, reflexões, produções de colegas e outros. A partir da organização desse material, o estudante refaz os trabalhos que não ficaram satisfatórios e depois separa o que lhe é mais significativo, considerando as experiências vividas, seus interesses, enfim, escolhe o material mais representativo do seu percurso. Esse material constitui, então, o portfólio ou portfólios demonstrativos (SHORES & GRACE, 2001), segunda etapa desse processo, que aponta os avanços ou mesmo a persistência de algumas dificuldades ainda não solucionadas (VILLAS BOAS, 2004).

A experiência relatada da estudante de como construir seu trabalho acabou por revelar o portfólio como um instrumento dinamizador da avaliação ao estabelecer um vínculo forte entre diagnóstico, processo e o produto, colocando a avaliação em todas as situações de interação professor-aluno, o que também permite que o aluno regule seus processos de pensamento e aprendizagem.

Processofólio

Processofólio é uma definição muito usada pelos americanos (WOLF et al.[9], apud GARDNER, 2000) para representar uma *seleção* do tipo *dossiê*. Esta seleção incorpora aquilo que formalmente se pode destacar para avaliação.

---

9. WOLF, D.; BIXBY, J.; GLENN, J. & GARDNER, H. "To use their minds well: investigating new forms of student assessment". In: GRANT, G. (org.) (1991). *Review of research in education*, vol. 17, p. 33-74. Washington, D.C.: American Educational Research Association.

Neste sentido, esses autores entendem que os meios de avaliação devem buscar fundamentalmente as capacidades de resolver problemas ou de elaborar produtos nos indivíduos por meio de uma variedade de materiais.

O uso do processofólio surgiu da implementação e desenvolvimento do *Harvard Projeto Zero* fundado pelo filósofo Nelson Goodman e desenvolvido por pesquisadores da *Harvard Graduate School of Education* a partir de 1967. O Projeto Zero foi implantado no intuito de construir uma investigação no sentido de ajudar aos estudantes a desenvolverem uma capacidade reflexiva, reforçando a compreensão profunda dentro e entre as disciplinas, promovendo o pensamento criativo e crítico e independente, tendo como centralidade a investigação sobre o desenvolvimento cognitivo e os processos de aprendizagem na área das artes e outras disciplinas. Duas situações de ensino-aprendizagem podem ser destacadas: 1) os estudantes são colocados no centro do processo educativo; 2) o respeito às diferentes formas pelas quais um indivíduo aprende em diferentes fases da vida e as diferenças entre os indivíduos na forma como eles percebem o mundo e expressam as suas ideias. O projeto foi ganhando a adesão de colaboradores em diferentes escolas, universidades, museus e outros espaços educativos nos Estados Unidos e outros países. Outros projetos surgiram a partir do *Projeto Zero* que seguem essa mesma lógica – estudar detalhes sobre a cognição humana e descobrir formas de avaliar e entender a pluralidade do intelecto; dentre eles destacam-se: o projeto *Arts Propel, a Escola-chave e Projeto Espectro.*

O Arts Propel, o Projeto Espectro e a Escola-chave e suas relações com portfólio

O principal objetivo do projeto *Projeto Arts Propel*, segundo Gardner (2000), foi desenvolver instrumentos de avaliação adequados e aplicá-los de forma coerente aos estudantes buscando elaborar sistemas de avaliação, de acordo com a necessidade do grupo. Neste sentido, os instrumentos de avaliação, com critérios sólidos, estavam vinculados aos módulos curriculares. A observação dos estudantes ocorre por meio de três dos tipos de competência: a produção, a percepção e a reflexão. Estas são as palavras-chave e responsáveis pelo nome *Propel*. Para apresentar suas melhores produções os estudantes preparavam amostras dos trabalhos a serem expressos em seus *processofólios*

> [...] o aluno deliberadamente tenta documentar – para ele mesmo e para os outros – o pedregoso caminho de seu envolvimento num projeto: os planos iniciais, os rascunhos provisórios, os falsos pontos de partida, os pontos críticos, os objetos do domínio que são relevantes e os que ele gosta ou desgosta, várias formas de avaliações provisórias e finais e os planos para projetos novos e subsequentes (WOLF, apud GARDNER, 2000: 191).

Como descrito por Wolf, os processofólios constituem-se em registros pedagógicos compostos por arquivos diversos: observações, rascunhos de entrevistas, produções, rabiscos, ensaios, enfim, todos os exercícios realizados durante o período de aprendizagem, conforme orientação docente. Paulatinamente, há espaços para dar visibilidade para produções e reflexão sobre os mesmos. Os projetos e trabalhos produzidos são observados em suas várias dimensões, de acordo com o desenvolvimento e evolução do projeto, algumas vezes de forma mais complexa e subjetiva; outras vezes, de acordo com critérios técnicos e imaginários (GARDNER, 2000; MELO, 2003). Para os autores citados as ações desenvolvidas nesses projetos não têm a pretensão de apresentar um modelo educativo ou ainda por fórmula pronta, mas efetivar uma interação entre teoria e prática e um estímulo a uma educação pela autonomia, criatividade e desenvolvimento de diferentes inteligências.

A *Escola-chave* iniciou-se em Indianópolis (EUA) por um grupo de oito professores, inspirados na teoria das Inteligências Múltiplas de Gardner. Além dos materiais e atividades previstos em um currículo escolar convencional, todos os dias os alunos participavam de um grupo onde cada criança trabalha com colegas de diferentes idades e um professor competente para ensinar um ofício ou uma disciplina de seu interesse, uma espécie de oficina de estudos diária.

Segundo Gardner (2000), uma vez por semana um especialista de fora visita a escola e demonstra um ofício aos estudantes, apontando os limites e possibilidades que esse venha a ter, revelando como funciona na realidade. Os pais dos estudantes são convidados a participarem destas atividades como palestrantes, que em alguns momentos tornam-se integrados à escola, demonstrando conhecimento por meio da sua rotina de trabalho.

Outro destaque é que os estudantes são incentivados durante o ano a realizarem três projetos de acordo com temas que a escola sugere anteriormente. Esses então devem fazer uma relação com os conhecimentos básicos exigidos nos programas escolares padrões. Segundo Melo (2003) esses projetos acontecem a cada dez semanas de aula; desta forma, no final de um ano letivo, cada aluno apresentará três novos projetos.

> Estes projetos são expostos na conclusão do período, e os alunos fazem apresentações demonstrativas dos projetos, que são filmadas e ficam arquivadas na escola para observar o crescimento e a evolução da cognição do aluno. Parte da avaliação dos alunos concentra-se na qualidade dos trabalhos, outra parte pode-se dizer que se concentra nas potencialidades específicas de cada aluno, isto é, o seu perfil, e uma terceira parte envolve a cooperação com outros alunos, professores e especialistas. De acordo com as ideias defendidas por Gardner (1995), o propósito da escola deveria ser o de desenvolver as inteligências e ajudar os indivíduos a atingirem objetivos de ocupação e passatempo adequado ao seu espectro de inteligência. As pessoas que são ajudadas se sentem mais engajadas e competentes, conseguindo servir à sociedade de uma maneira construtiva (MELO, 2003: 38).

As ações do projeto refletem uma relação pedagógica centrada no indivíduo ampliando o potencial de aprendizagem dos estudantes. A avaliação é rica nas tendências e capacidades individuais e adequadas aos vários tipos de vida e opções de trabalho existentes em sua cultura.

Na perspectiva da Teoria das Inteligências Múltiplas, Gardner (2000) propõe um ambiente de sala de aula muito rico, repleto de materiais convidativos destinados a estimular as várias inteligências e combinações de inteligências. Nele os alunos têm amplas oportunidades de brincar com todos os materiais, familiarizando-se com eles, explorando suas aplicações e implicações. Pesquisadores e professores podem observar os alunos durante o ano inteiro para verificar seus perfis de inteligência no trabalho e no brinquedo. Também existem instrumentos mais pontuados que possibilitam uma mediação mais precisa das inclinações intelectuais.

O *projeto espectro* propiciou uma nova abordagem de avaliação (GARDNER, 2000; MELO, 2003). Em meio a um ambiente preparado *a priori* com materiais diversificados e capazes de chamar a atenção dos estudantes, os mesmos são observados e avaliados em suas múltiplas possibilidades de ação, manifestando suas diferentes inteligências e demonstrando sua capacidade de intervenção de maneira não convencional. Para tanto, destaca-se que as salas eram adequadas para que em determinado momento pudesse se romper com os agrupamentos fixos dos estudantes, flexibilizando para agrupamentos móveis (ZABALA, 1998). Essa forma de reorganização espaçotemporal propiciava momentos muito ricos de interação de estudantes com diferentes idades. A possibilidade de flexibilizar no formato dos agrupamentos dos estudantes, rompendo com formação fixa, permite aos estudantes um novo *espectro de vivências* de experiência entre os alunos com mais idade com os de menos idade. Além disso, destaca-se que espaços/ambientes (sala/ambiente) eram preparados com uma variedade de materiais disponíveis para serem explorados, sozinhos ou em grupos, pelos estudantes. Ao final do ano os pais recebem o *Espectro* que é um parecer com a descrição do perfil intelectual de seus filhos, com sugestões informais a respeito do que poderia ser feito com a criança, dadas suas potencialidades e dificuldades específicas no momento. Segundo os autores é uma forma de aprender tornando visível o conhecimento apreendido.

Portafólios[10]: por uma pedagogia diferenciada

As experiências e projetos apresentados neste livro têm como eixo central o investimento e desenvolvimento de uma pedagogia diferenciada,

---

10. No Ensino Superior europeu, americano e inglês o portfólio recebeu diferentes nomeclaturas: *Dossier vem do francês, e significa* uma pasta na qual se arquivam trabalhos produzidos pelo estudante (ALVES, 2000). Portafólios é uma definição dos canadenses e se entende como uma amostra do dossiê.

onde os estudantes têm acesso aos conhecimentos convencionais maximizando as capacidades e competências individuais e coletivas por meio do incentivo e desenvolvimento dos projetos de trabalho problematizados e elaborados pelos próprios estudantes. Os estudantes, por meio do trabalho com projetos, são conduzidos a problematizar um tema de estudo, planejar as ações e buscar os resultados para as questões elaboradas. Durante as ações implementadas os estudantes são motivados a arquivar seus planejamentos, revisões, produtos finais e observações num portafólio.

Segundo Sá-Chaves (1998), o uso dos portafólios pode superar a relação de causalidade linear na relação processo-produto presente nas certezas inquestionadas da racionalidade técnica encontrando outras explicações, outros tipos de análise, centrados na hipótese de uma compreensão mais globalizante e assim mais coerente com as realidades em si mesmas.

> O índice de complexidade aumenta, entretanto, quando se pretende entrar nos meandros dessa compreensão já ao coro de diversidades que orquestram cada facto numa teia de factores que, sucessivamente, interagem entre si, desencadeando continuadamente dinâmicas circunstanciais de ajuste recíproco, se vem juntar um outro coro de olhares, também ele múltiplo e diverso, na tentativa de interpretação pessoalizada dos mesmos (SÁ-CHAVES, 1998: 138).

Para a autora supracitada, a queda dos mitos da ciência para explicar com verdades únicas a realidade dinâmica e flexível complexa, ambígua e imprevisível opõe-se apenas a certeza do incerto e a necessidade irrecusável de entrar nos labirintos que procuram, por distintos modos, aceder à compreensão, desvendando caminhos, propondo hipóteses, que mutuamente se contratam num jogo de aferições sucessivas (SÁ-CHAVES, 1998). Indo ao encontro das ideias de Sá-Chaves (1998), Perrenoud (2000) aponta que indiferente da diversidade dos objetivos, dos conteúdos, dos ciclos da formação humana e das idades dos estudantes os docentes se deparam com as mesmas dificuldades de concepção e organização curricular e de avaliação. Neste sentido, aponta para a necessidade da elaboração de situações de aprendizagem ricas que os envolva e mobilize habilidades pessoais e atue em sua zona de desenvolvimento próximo. Neste sentido, diz que

> uma orientação para individualização dos percursos transforma o papel dos professores e aproxima-os dos formadores adultos, levando-os a interessarem-se mais do que nunca pelos balanços de competências, pela elucidação das necessidades, pela negociação dos contratos, pelas transformações identitárias, pelo acompanhamento individualizado das progressões, pela avaliação formativa, pela construção de dispositivos didáticos e de espaços de formação diversificados e flexíveis. Professores e formadores adultos são um mesmo ofício? Ainda não, mas as convergências se multiplicam e a linguagem da formação tem ao menos uma virtude: afasta de uma centralização prioritária sobre os programas, características do ensino, para enfatizar o que acontece ao aprendiz: sua trajetória, sua relação com o saber e sua maneira de aprender (PERRENOUD, 2000: 85).

O mesmo autor argumenta que no processo de individualização o balanço de competência pode funcionar como expressão vazia que leva à competência sem interesse ou a procedimentos didáticos sem fundamento. Para ele, a diferenciação da união de dispositivos engenhosa com conteúdos e objetivos específicos, mas também com didáticas eficazes e métodos ativos, é uma relação estimulante com o saber, com relações intersubjetivas toleráveis e com contratos pedagógicos fecundos.

Diferenciar o trabalho pedagógico significa, para Perrenoud (2000) e Candau (2000), romper com a pedagogia frontal: o mesmo conteúdo, as mesmas atividades para todos. Torna-se necessária a reorganização tempo/espaço (REZENDE, 2004), a criação de uma relação pedagógica e uma organização do trabalho que desenvolvam uma prática didática em que os sujeitos da aprendizagem tragam ideias para o desempenho ensino-aprendizagem. O propósito de direcionar, modelar e copiar foi cedendo espaço ao objetivo de formar seres humanos capazes de aprender a aprender, a fazer, a ser... (selecionar, assimilar, projetar, interpretar entre outras habilidades), e, nesse sentido, o ato de avaliar tornou-se de fato formativo ganhando o *podium* onde há espaço para todos os que nela/dela se implicaram na construção do ser. Entretanto, é preciso cuidado para não tergiversar o uso do conceito portfólio e do seu sentido real na prática pedagógica. Segundo Pernigotti et al. (2007: 55),

> o portfólio, assim como outras palavras e expressões usadas em Educação, corre o risco de, como diz Dommen (1994), tornar-se uma palavra "ruidosa", na medida em que, incorporada por diversos atores e setores da comunidade, tenha seu uso banalizado. Para esse autor as palavras ruidosas têm o papel de provocar uma reação e orientar uma atitude, são aspirações do momento, carregadas de emoções e, por isso, podem ser levadas à morte. Isso acontece porque, de um lado, o uso descompromissado e vulgarizado do conceito favorece a perda do seu real sentido e, de outro, o seu emprego como termo técnico, não incorporado, desconhecido e por isso atacado, é rechaçado. Portanto, é importante que se compreenda muito bem a função do descrédito diante dos educadores.

Concorda-se com os autores supracitados apontando também os cuidados que devem ser tomados quando se opta por usá-lo como instrumento avaliativo e, ainda, quando apresentam o uso do portfólio como um contraponto às tradicionais formas de avaliação – as provas.

Portafólios: um processo de autoavaliação

O portafólio pode se constituir por um processo de autoavaliação colaborando para a propiciação do desenvolvimento da independência do estudante em relação ao docente, responsabilizando-o para sua aprendizagem. Numa perspectiva de autoaprendizagem e numa concepção sociointeracionista o erro é indicativo para novas chances e tentativas e não o ponto nodal para exclusão do processo ensino-aprendizado. Diante de uma questão inconclusa e/ou mal-elaborada, o estudante é incentivado a ter uma postura investigativa, "[...] a perceber as consequências de sua resposta errada, de forma a numa próxima tentativa se aproximar mais da solução ideal" (MOULIN, 1998: 188). Cabe ressaltar que o uso de portfólio, portafólio e/ou processofólio deve considerar o envolvimento dos alunos e a disponibilidade do professor/tutor em acompanhar o processo de aprendizagem de cada aluno, proporcionando a realimentação necessária. Segundo Hadji (2001), avança-se no processo avaliativo à medida que os estudantes fazem suas autoavaliações, regulando a si próprios, responsabilizando-se ativamente por sua própria aprendizagem que deve ser estimulada para potencializar o uso dos diferentes saberes. Destarte, o portfólio como instrumento de avaliação e como procedimento metodológico é capaz de interferir no formato da relação pedagógica tradicional[11], permitindo alternar a forma de se observar o estudante e avaliar a ação docente, desenvolvendo a capacidade de resolver problemas e o desenvolvimento de competências específicas por meio dos projetos que propõe e participa. Além disso, pode propiciar uma série de outras informações sobre a aprendizagem dos conteúdos factuais, conceituais e de princípios, atitudinais e procedimentais (ZABALA, 1998).

Contextualizando o portfólio como alternativa de avaliação no Ensino Superior num contexto de reformas educacionais

Na literatura internacional sobre reforma educativa, a avaliação surge como tema central. Na análise de vários documentos de países como Portugal, Espanha, Estados Unidos, França e Brasil, ressaltam algumas questões comuns que poderiam ser agrupadas em quatro tópicos: mudança na concepção de educação, suas finalidades e, consequentemente, alterações e/ou reificação no uso e nos processos de avaliação, como por exemplo *accountability*[12]. Num cenário de mudanças paradoxais, a avaliação tem sido usada como instrumento para concretização e afirmação das políticas neoliberais. Estas tomam cor, forma e movimento no interior das escolas, desafiando os docentes e estudantes em seus papéis e instigando-os a se

---

11. Cf. Hadji (2001: 28) no tópico 2: compreender que avaliar não é medir, mas confrontar em um processo de negociação.

12. "A partir dos anos de 1980, por meio do tatcherismo e do regganismo, ocorre um crescimento das chamadas *políticas neoliberais* (com a redução do papel do Estado e a criação de mercados, ou quase mercados, nos sectores tradicionalmente públicos – saúde, educação, transportes etc.)" (BARROSO, 2005: 741). Cf. outras contribuições sobre este tema em Afonso, 2000 e Ball, 2004.

posicionarem socialmente diante do novo acordo político em expansão. As proposições e ações das políticas avaliativas neoliberais e neoconservadoras tiveram lugar, ao longo dos anos de 1980 e início dos anos de 1990, em contextos sociais e políticos determinados.

Numa contraproposta a essa modalidade de avaliação, apresenta-se uma alternativa assentada numa perspectiva reflexiva. Essa concepção de avaliação foi sendo redesenhada e confrontada às concepções concorrentes, na segunda metade da década de 1980, abrindo novas perspectivas para o conhecimento da escola e das suas práticas. Assim, emerge uma *nova concepção de avaliação formativa*, denominada emancipatória por Saul (1994) e crítica por Luckesi (1995). De acordo com Dalben um novo formato avaliativo exige uma diferente relação pedagógica com o conhecimento.

> Este novo conceito de avaliação defende uma nova concepção de trabalho pedagógico, alterando a perspectiva transmissiva de processo de ensino. Proclama uma interação permanente: professor *versus* aluno *versus* conhecimento e, neste contexto, o sentido da avaliação direciona-se para um processo de investigação contínua e dinâmica da relação pedagógica como um todo (DALBEN, 1998: 78).

A partir desta nova concepção de avaliação os processos de ensino tornam-se um desafio para o docente, que deverá estar atento à investigação das indagações que exigem um maior investimento pedagógico e, consequentemente, alteração nos encaminhamentos didáticos. Ao docente caberá o papel de estar atento a todo o processo de avaliação, coletando dados, informações sobre os alunos e, cuidadosamente, registrando suas necessidades e possibilidades. É possível identificar, nesse foco diferenciado de avaliação formativa, uma nova perspectiva de avaliação da aprendizagem, cuja preocupação é o desenvolvimento da capacidade de luta da realidade social, vivenciada pelos sujeitos envolvidos na relação pedagógica, na tentativa de superação do senso comum. Nessa direção, o processo pedagógico terá vistas à valorização do aluno e do professor como cidadãos que têm vivências e histórias diferentes, promotoras de pluralidade de pontos de vista fundamentais no entendimento da prática e da ação consciente. Segundo Dalben,

> dentro da nova perspectiva, um professor, ao avaliar o seu aluno, deve também avaliar a sua própria forma de inserção na sociedade, o seu papel, as suas condições de trabalho, a sua formação, a sua metodologia, os recursos por ele utilizados em sala de aula. A avaliação transforma-se em conhecimento da realidade, e neste sentido é fundamental que o professor se preocupe em analisar o aluno numa perspectiva ampla, exigindo para isso a utilização de atividades de ensino que permitam uma participação coletiva efetiva, através da utilização de formas variadas de expressão (DALBEN, 1998: 79).

Coerentes com essa concepção de avaliação, os professores passam a conhecer melhor o retrato sociocultural do aluno, a sua situação econômica, suas percepções ante as atividades da sala de aula e da escola, seus sentimentos, expectativas e significados.

Por esses motivos, pretende-se chamar a atenção para a avaliação formativa como dispositivo pedagógico adequado à concretização de efetiva igualdade de oportunidades de sucesso na escola básica. Nesse sentido, a avaliação formativa pode se constituir em uma das modalidades de avaliação mais apta à utilização dos espaços de relativa autonomia que a escola pública possibilita; também é um dos instrumentos pedagógicos que mais eficazmente podem dar viabilidade à ação docente, sobretudo quando se espera que seja "promotora de uma democracia participativa, exigida para fazer face aos novos problemas que desafiam a escola numa época de globalização" (STOER, 1992: 74).

No que se refere à avaliação no Ensino Superior e sua ligação a um contexto de reformas educacionais, é possível constatar o recente interesse por parte dos estudiosos, o que se expressa na produção e na carência de pesquisas sobre o assunto.

Afonso (2000), em seus estudos, faz uma análise sociológica da avaliação com o principal objetivo de possibilitar o enquadramento teórico-conceitual em torno da avaliação educacional. A partir de uma perspectiva crítica e problematizadora, dá visibilidade às dimensões pedagógicas, sociais, ideológicas e gestionárias que fizeram da avaliação um dos eixos estruturantes das políticas educativas contemporâneas. Apresenta uma proposta de análise buscando traços comuns à evolução da avaliação educacional em dois países centrais (Estados Unidos e Inglaterra) e dois países semiperiféricos (Espanha e Portugal).

> Tal como salientam R. Dale e J. Ozga (1993), as reformas educativas dos anos de 1980 marcam o retorno às políticas de diferenciação e de estratificação, temporariamente atenuadas pelas políticas de igualdade de oportunidades que prevaleceram nos anos de 1960. Estas tendências, todavia, parecem ser menos visíveis no caso de países semiperiféricos como Espanha e Portugal (AFONSO, 2000: 22).

No tocante à avaliação, é importante destacar que a reforma de 1970, na Espanha e em Portugal, estabelecia que a avaliação na escolaridade obrigatória devia ser contínua, personalizada e integrada no processo educativo e previa a passagem de ano como norma. Essa concepção iria influenciar as propostas de mudanças na avaliação no Ensino Superior. Para Afonso (2000) a avaliação mantém algumas linhas de orientação da reforma de 1970, destacando-se alguns requisitos fundamentais tais como:

1) dever ser consequente com os objetivos e finalidades dos distintos níveis e ciclos e do sistema educativo globalmente considerado;

2) estender-se ao sistema e aos alunos;

3) realizar-se de forma contínua e não de modo circunstancial;

4) acolher a pluralidade de valores dos distintos agentes da comunidade educativa;

5) cumprir funções de regulação passiva ou de seleção dos alunos;

6) proporcionar uma informação continuada, objetiva e suficiente.

Os requisitos acima apontados e presentes na reforma educacional podem ser intensificados em concepções avaliativas a partir da década de 1990. No caso do Ensino Superior nos Estados Unidos da América, mais de 500 instituições começaram a usar os portfólios de aprendizagem como instrumento de avaliação (SELDIN, 2004). Na Europa podem-se citar como exemplo os trabalhos de Idália Sá-Chaves, em Portugal, que, dizendo sobre a questão em foco, completa:

> [...] refletir sobre as vantagens e sobre as limitações que a estratégia do portfólio reflexivo apresenta em múltiplos aspectos e dimensões da aprendizagem, enquanto construção do conhecimento e, desta, enquanto condição de desenvolvimento pessoal e profissional dos participantes (SÁ-CHAVES, 2000: 9).

Essa questão vem sendo discutida intensamente nos últimos anos e, em algumas universidades, o portfólio está sendo usado como instrumento de acompanhamento e melhoria do ensino. Seldin (2004) descreve que o portfólio se baseia no detalhamento documentado dos conhecimentos adquiridos pelos envolvidos. Tais conhecimentos são inventariados, focando o objetivo e as habilidades desenvolvidas no curso.

Segundo Alves (2008), não há tradição da utilização desse tipo de instrumento para avaliação na educação superior. Apenas alguns professores de cursos de formação docente utilizam-no para registro de ações e reflexões especialmente sobre o estágio supervisionado.

Vem-se desvelando na educação superior a possibilidade de levar adiante um processo como esse que reflete a trajetória da aprendizagem de cada um, contrastando com as finalidades a que se propôs a construção do mesmo.

Rangel (2003) apresenta em seu trabalho uma reflexão sobre o sentido da avaliação a partir de uma experiência sobre o uso de portfólio no Ensino Superior como uma alternativa de avaliação do processo de aprendizagem. Como resultados destaca a apropriação das múltiplas linguagens, além da científica, própria da disciplina; a adequação da prática de leitura, escrita e pesquisa envolvendo estratégias de revisão e reflexão sobre as atividades; o constante e permanente diálogo entre o professor e aluno, aluno/aluno; a dificuldade de o estudante elaborar o portfólio demonstrativo nitidamente reflexivo; ênfase no processo de aprender e não no resultado. Para Rangel (2003), entre alguns entraves que precisam ser vencidos, destacam-se a mudança da concepção de avaliação como quantificação que permeia o pensamento dos alunos e professores e a inserção de outras disciplinas que possam compartilhar essa prática para a assunção de um novo lugar para a avaliação no contexto acadêmico.

Villas Boas (2004), ao coordenar o Curso de Pedagogia da Universidade Federal de Brasília – UnB –, implementa o trabalho com portfólio, experimentando-o como um procedimento inovador/dinamizador da prática avaliativa. Essa iniciativa pode ser considerada como pioneira, inusitada e desbravadora, uma vez que ainda constitui um caminho pouco trilhado em universidades nos cursos de licenciatura ou em outros cursos que são oferecidos em suas diferentes unidades de ensino. Segundo essa autora, o desafio tem sido o de estabelecer o protagonismo do estudante e, às vezes, do próprio docente no processo de ensinar e aprender.

Paiva (2006) apresenta um relato de experiência desenvolvida em duas instituições escolares: uma de Ensino Superior, licenciatura e, outra, de educação básica, Ensino Médio. Em ambas é sobre o ensino de matemática que se faz a reflexão, a partir de dois eixos teóricos: *Formação de professores – Processo de avaliação* e dois autores: Freire (1996) e Esteban (2001). A experiência é desenvolvida durante o processo de avaliação, quando se utiliza a elaboração de portfólio descritivo e analítico com o objetivo de contribuir para que o aluno reflita sobre as atividades desenvolvidas em sala de aula. Considera-se que a atividade possibilita discutir práticas avaliativas na educação básica e no Ensino Superior. Nesse nível de ensino, como o compromisso é com formação de professores de matemática, pretende-se que o licenciando, futuro professor, exercite a investigação e a reflexão sobre a sua prática. Como resultado da experiência, os autores identificaram, por meio da construção do portfólio, que o aluno, tanto da educação básica quanto do Ensino Superior, reflete sobre o ensino e a aprendizagem; torna-se investigador sobre o conhecimento matemático.

A experiência colocada em evidência nessa publicação e nos trabalhos acadêmicos destacados: Alves (2000), Rangel (2003) e Villas Boas (2004), Paiva (2006), são ricas experiências de como a construção de portfólio com universitários e alunos de pós-graduação desvela-se como um importante instrumento para a construção de uma prática avaliativa inovadora.

Segundo Keenowski[13], apud Villas Boas (2004: 44), "[...] achados de pesquisa concluem que o uso de portfólios promove o desenvolvimento das habilidades importantes como a reflexão, a autoavaliação e análise crítica". A criatividade pode ser ensinada/aprendida, e o portfólio é um dos procedimentos em avaliação que tem mais condições de propiciar esse desenvolvimento. O que é fundamental não é o portfólio em si, mas o que o estudante aprendeu ao construí-lo a respeito da disciplina, do seu processo de aprender e de si mesmo. A prática reflexiva conduz o estudante a constantes indagações (SCHÖN, 2000) e inscreve o ensino e a aprendizagem na perspectiva da transformação. Esse instrumento de avaliação aponta para uma ruptura do modelo técnico e quantitativo de avaliação para uma perspectiva reflexiva (autoavaliação, meta-avaliação). Ou seja, ela é redefinida por meio da participação interativa dos estudantes no processo, sendo o mesmo multidimensional, solidário e coletivo. O conhecimento transita em várias direções, e os colegas passam a ter um lugar significativo, visto que também oferecem *feedbacks*, trocas de opiniões. Cada portfólio e/ou processofólio é único, uma vez que é de exclusiva responsabilidade do aluno, mesmo que, em momentos demarcados, professor e aluno, os colegas entre si conversem sobre as produções ocorridas, confirmando a ideia de que a avaliação demanda a interação, a troca e a negociação entre os sujeitos envolvidos com um determinado objeto (HADJI, 2001).

Outros subsídios teóricos sobre o assunto são Mitchell (2003), Hargreaves et al. (2001), Barton e Collins (1997), Klenowski (2001), Hacker (1998), Arter e Spantel (1987). Esses estudos discutem a prática de avaliar, por meio de portfólios, mostrando que vivenciar essa prática pode trazer à tona formas significativas de registros e, nesse sentido, diversificar e atualizar os processos educativos dando a eles um *palco* merecido, pois são portadores de sentidos e significados sobre os conhecimentos que docentes/discentes constroem na sala de aula.

---

13. KLENOWSKI, V. (2003). *Developing portfolios for learning and assessment: processes and principles* – Principles. Londres: Routledge Falmer.

2
O USO DO PORTFÓLIO NO ENSINO SUPERIOR: UMA EXPERIÊNCIA DIDÁTICA EM FOCO

Neste capítulo apresenta-se a memória docente da elaboração e produção das aulas do Curso de Didática de Licenciatura na Faculdade de Educação da Universidade Federal de Minas Gerais, nos anos de 2003 a 2004. O ponto central posto em pauta é a relação pedagógica e construção de portfólios como uma alternativa de avaliação do processo de aprendizagem no Ensino Superior, na prática pedagógica e avaliativa. Os resultados demonstram a apropriação de múltiplas linguagens, a adequação da prática de leitura, escrita e pesquisa envolvendo estratégias de revisão e reflexão sobre as atividades; o constante e permanente diálogo entre professora e aluno, aluno/aluno; as dificuldades encontradas pelos estudantes na elaboração do portfólio reflexivo; a ênfase no processo de aprender e, não, no resultado.

2) O uso do portfólio no Curso de Didática da Licenciatura: do ensaio docente ao ritual da aula

Vivenciar a realização do Curso de Didática da Licenciatura foi uma experiência incorporada a muitas emoções. Primeiro, durante o planejamento – o ensaio – tomou-se pelo sentimento da incerteza de como conduzir o programa. Foi feita uma pré-seleção e esperou-se pela primeira aula. Decidiu-se que só depois de uma sondagem com os alunos o programa seria apresentado. Assim foi feito em todas as outras aulas, que também deveriam ser registradas pelos alunos do curso, como atividade formativa para eles. Após essa sondagem, percebeu-se que as expectativas dos alunos convergiam com as idealizadas *a priori*: fazer um curso dinâmico, interativo, que refletisse as diversidades culturais presentes no universo escolar, que dialogasse com a prática, que possibilitasse que diferentes linguagens fossem colocadas em questão e experienciadas; enfim, que o produto do curso refletisse o processo. Nesse sentido, recorreu-se ao texto da pesquisadora Candau (2000), e a partir dos princípios que ela aponta nesse texto, sendo congruentes com as expectativas da professora/pesquisadora e as apontadas pelos alunos na aula inaugural, propôs-se instaurar uma *nova* didática escolar. Assim sendo, do ato reflexivo da primeira para a segunda aula elaborou-se uma primeira proposta de programa. Ele seria a matriz referencial para as outras 12 turmas do curso, desenvolvida pela pesquisadora nas aulas de Didática de Licenciatura. Desta forma, o plano de curso ia sendo modelado a partir de um diagnóstico inicial com os estudantes, estruturando os conteúdos, estabelecendo os objetivos, as razões e os critérios de avaliação que orientariam o percurso. Fez-se um documento inicial, uma ementa provisória[1], que foi colocada à disposição dos alunos e distribuída individualmente no segundo dia de aula. Retomaram-se os registros da aula inaugural para relacioná-los ao programa provisório do curso sistematizado.

> Pensando nas questões discutidas com os alunos(as) no primeiro
> dia de aula e dialogando com as ideias que traz Candau (2000)

---

1. Ao longo do texto, o programa do curso (ementa, objetivos, estratégias, metodologias, formato avaliativo etc.) será detalhado a partir da tessitura da memória).

no artigo "A didática hoje: uma agenda de trabalho", o curso foi direcionado no sentido de debater as seguintes questões:

1) Incorporar questões que emergem da perspectiva pós-moderna (enfoque): subjetividade, diferença, construção de identidades, diversidade cultural, a relação saber-poder, as questões étnicas, de gênero e sexualidade... Enfim, dar enfoque às diferentes culturas presentes no universo escolar.

2) Romper com fronteiras e articular saberes (desafio): visão contextualizada e multidimensional do processo pedagógico.

3) Favorecer ecossistemas educativos (uma urgência): ampliar, reconhecer e favorecer distintos *locus*, ecossistemas educacionais, diferentes espaços de produção da informação e do conhecimento, de criação e reconhecimento de identidade, práticas culturais e sociais, de caráter presencial e/ou virtual, em que diversas linguagens são trabalhadas e pluralidade de sujeitos interagem.

4) Reinventar a didática escolar (uma exigência): desconstruir o estilo frontal de ensino para reinventar uma didática escolar numa perspectiva multidimensional, diversificada e plural.

5) Apostar na diversidade (uma condição): trabalhar articulando igualdade e diferença; maximizar a pluralidade de vozes, estilos e sujeitos socioculturais.

6) Revisitar temas clássicos (uma preocupação): avaliação; questões de disciplina e violência; planejamento e técnicas.

Os objetivos do curso foram agrupados no sentido de tentar acolher os temas supracitados (diversidade cultural *versus* planejamento, processo ensino aprendizagem, tipologia dos conteúdos, avaliação, a docência como saber, ser e fazer a profissão etc.), sendo constituídos como ponto fulcral para o acompanhamento das aprendizagens. Tais objetivos exigiam que os estudantes, ao final do curso, fossem capazes de demonstrar conhecimento, compreensão e aplicação de conteúdos factuais e conceituais, procedimentais e atitudinais em ações didáticas vivenciadas posteriormente como docentes (ZABALA, 1998; COLL, 2000).

1) Discutir a função da educação sob a ótica da diversidade cultural.

2) Refletir sobre as diferentes concepções do processo ensino-aprendizagem que têm norteado o trabalho dos educadores no Brasil.

3) Discutir os pressupostos teórico-metodológicos que fundamentam as diferentes propostas de ensino-aprendizagem.

4) Analisar os elementos do processo de ensino-aprendizagem, tendo em vista a elaboração de uma proposta alternativa de ensino – os projetos de trabalho.

Os conteúdos foram abordados no Curso de Didática, da seguinte forma: conteúdos conceituais, procedimentais, atitudinais, conforme tipologia da aprendizagem dos conteúdos definidos por Zabala (1998; 2002). Assim, ao apresentar essa lógica de aprendizagem dos conteúdos aos estudantes, os mesmos eram convidados a compreendê-la e, posteriormente, melhor aplicá-la em suas atividades profissionais.

Os *conteúdos conceituais* tiveram sua abordagem por meio das discussões sobre a didática em diferentes momentos históricos: planejamento, etapas e elaboração; formação de professor (ser e estar professor), articulada aos conceitos de didática e sua implicação na vivência docente, concepções de ensino-aprendizagem, concepções e práticas de avaliação/registros escolares.

Com relação aos *conteúdos procedimentais*, eles deveriam *fazer* – experimentação de diferentes ações pedagógicas – *dinâmicas em sala de aula, visita a escolas, desenvolvimento de projeto de trabalho, elaboração e apresentação dos projetos de trabalho* – que eram reorganizados, tantas vezes quantas fossem necessárias, para a concretização de objetivos de ordem prática, sempre aliados a um processo reflexivo a respeito da atividade desenvolvida.

Os *conteúdos atitudinais* foram fomentados e desenvolvidos ao incentivar a autoaprendizagem dos estudantes: aprender a elaborar os conhecimentos para enfrentar novos problemas e gerir possibilidades e alternativas, ao serem convidados a escrever e elaborar/reelaborar suas produções acadêmicas; ao estimulá-los a extrair fatos pertinentes de fontes diversas, aprender as relações funcionais entre os saberes escolares e a vida. Abaixo seguem dois exemplos de como eram organizados os conteúdos do curso.

No primeiro ano da experiência o formato da aula estava centrado no desenvolvimento de seminários temáticos para apresentação dos textos de referência integrados à produção de vídeo, análise de filme e/ou de documentários produzidos pelos próprios alunos. Os trinta e cinco estudantes foram agrupados de acordo com o interesse pelo tema de cada seminário, formando grupos de três e no máximo quatro, para apresentação dos trabalhos.

No segundo ano da experiência, 2004, o formato das aulas foi reestruturado e se desenvolviam por intermédio de dinâmicas motivadoras para os debates dos conteúdos selecionados e da construção pelos estudantes de projetos de trabalho. Os trinta e oito estudantes foram agrupados de acordo com o interesse pelo tema de cada projeto formando grupos de três e no máximo quatro, para apresentação dos trabalhos. Cada agrupamento poderia, a partir do tema e de diferentes formas, elaborar algum objeto ou artefato de trabalho, produzir e/ou refletir sobre uma experiência de construção do conhecimento etc., e apresentar o processo e o produto do conhecimento explorado[2].

Ao longo da experiência o programa do curso foi sofrendo alterações, às vezes na ordem da discussão dos conteúdos, alterações nas referências teóricas, na introdução, exclusões e/ou modificações nas abordagens metodológicas das aulas. Essa atitude teve por objetivo a adequação dos programas às necessidades contingenciais dos estudantes e melhorias "do que" (quais conteúdos selecionar) e "do como" (qual metodologia seguir), buscando aproximar a teoria da prática e maximizar o alcance dos objetivos. Torna-se importante destacar que os conteúdos eram reelaborados de acordo com as alterações de contexto, tendo em vista que o processo de ensino-aprendizagem é dinâmico e que transformações cotidianas exigem sempre novas adaptações (HADJI, 2001). Os conteúdos foram trabalhados em momentos intercomplementares, conforme as necessidades que

---

2. Alguns resultados deste trabalho são relatados e analisados nos capítulos 3, 4 e 5.

emergissem do grupo em cada turma. Esses momentos se caracterizaram, entre outras possibilidades, por: 1) síntese inicial ou final do conhecimento produzido a cada tema individual e/ou em grupo; 2) leitura e estudo individual dos textos, visando a contextualização e adoção de um posicionamento crítico; 3) discussão em pequenos grupos para esclarecimento de dúvidas e identificação de questões centrais sobre as práticas nas escolas; 4) discussão geral, envolvendo toda a turma, para coletivizar as reflexões; 5) organização do conteúdo e das formas utilizadas no estudo de cada tema por meio de diferentes linguagens que foram sendo apresentadas durante o desenvolvimento dos módulos.

Os procedimentos utilizados durante o processo de interação didática centravam-se no uso de dinâmicas que foram essenciais para o conhecimento dos membros do grupo e mediadoras na discussão de algum conteúdo; na elaboração e apresentação de projetos de trabalho e debates; na confecção *in loco* de apresentações em sala de aula, seminários, trabalhos de construção de texto coletivo, trabalhos individuais, relatórios de observação e, quando necessário, fazia-se uso das aulas expositivas para exploração de conceitos e procedimentos.

Nesse sentido, a aula se tornou um palco em que diferentes atores se relacionavam, trocavam ideias, aprendiam e ensinavam por meio de metodologias ativas. As diversas possibilidades metodológicas tornaram o processo ensino-aprendizagem mais flexível, permitindo colocar os alunos em situação de desafio para aprender. Para Meirieu (1998), quando o docente tem clareza do que se pretende para atingir certas aprendizagens, é possível planejar e projetar a aula de forma dinâmica e rigorosa concomitantemente.

A avaliação do curso foi sobre conteúdo e procedimento. Ela representava a própria aprendizagem e, nesse sentido, foi pensada e desenvolvida dentro de uma perspectiva ampla e, por isso, se caracterizou por enfatizar o *processo* para (re-)significar o produto.

Assim, essa nova concepção de avaliação – contínua, dinâmica, investigativa – colaboraria para que os sujeitos que vivenciassem esse processo pudessem expressar diferentes possibilidades de produção do conhecimento e a tomada de consciência crítica dos modos de agir que utilizam frente às tarefas que lhes foram propostas. A avaliação vivenciada dessa forma tornava-se uma atividade reflexiva[3]. Para tanto, o eixo do trabalho *como* e *pela* avaliação passou a representar o próprio processo de conhecimento do curso por meio da seguinte orientação: 1) problematização e aprofundamento teórico; 2) sistematização dos saberes pedagógicos do aluno e do professor; 3) sistematização e registro; 4) vivências culturais/expressão das diferentes linguagens.

As estratégias metodológicas de trabalho podem ser assim sintetizadas seguindo as orientações supracitadas e que foram norteadas pelos eixos a seguir explicitados: 1) problematização a partir da escuta; 2) nova escuta, mais elaborada e organizada, com conteúdo a ser desenvolvido pelos alunos; 3) definição de ações de formação a partir de experiências inovadoras; 4) ressignificação da prática das aulas na qual os alunos precisam se envolver reconhecendo-se como sujeitos. A estrutura do portfólio foi adequada a essa concepção de formação, apresentando quatro tipos de ações.

> **Ações do tipo 1:** Ações que envolviam estudos de referências teóricas que sustentassem uma didática adequada ao tempo em que se vive. Nesse sentido, foram estudadas as principais referências históricas que alimentaram a prática educativa desde a Idade Clássica aos tempos pós-modernos[4].
>
> **Ações do tipo 2:** Voltaram-se para a formação do futuro estudante/professor promovendo o diálogo (por meio de estudo de caso) com a diversidade de pensamentos e valores presentes nas experiências inovadoras vivenciadas em diferentes redes de ensino, nacionais e internacionais (ex.: escolas municipais de diferentes estados brasileiros – Escola plural, cidadã, escolas estaduais, federais, particulares).
>
> **Ações do tipo 3:** Propostas de formação do futuro estudante/professor por meio de *rede de trocas*[5] com coletivos de escolas que promo-

---

3. No próximo subitem fundamentar-se-á a importância do ato reflexivo presente na avaliação.

4. Essa ação se dá de forma breve, pois o eixo são as ações 2, 3 e 4, sempre alimentadas pela ação 1.

5. Essa forma de trabalho formativa é destacada por Nóvoa (1995) com importante ação reflexiva da prática pedagógica.

vam práticas pedagógicas significativas (ex.: Escola Municipal Professor Hilton Rocha).

Ações do tipo 4: Ações que envolveram a participação/protagonismo dos estudantes. Eles deveriam escolher um tema relacionado à pratica educativa e elaborar um projeto de trabalho a ser apresentado aos colegas no decorrer do curso.

Dessa forma, permitia-se um espaço relevante de diálogo compartilhando responsabilidades. A concepção de educação que norteava o trabalho ao estabelecer a relação estudante/docente não tinha a pretensão de ensinar um modelo educacional, ou dar respostas prontas, mas desenvolver atitudes favoráveis de comprometimento, de convivência, de solidariedade e de incentivo na busca de informações, independentemente do auxílio da docente, mas mediado por ela.

Nesse modo, para cada ação desenvolvida foi solicitada uma ação reflexiva, que evidenciasse os ganhos de aprendizagem após o estudo dos conteúdos. Instigava-se os estudantes a desenvolverem suas capacidades de publicizar, definir e justificar o desenvolvimento e desempenho nas atividades realizadas.

Os estudantes eram convidados a (re-)fazer o trabalho quando não satisfatório e, *a posteriori*, refletir sobre o que fizeram, o esforço que empreenderam, e o resultado atingido. Percebiam, neste contexto, que o processo de formação se caracterizava pela construção permanente, não rotineira, de abertura à crítica, destoando do tão comum e natural tarefismo acadêmico[6].

A experiência investigada certificou situações próximas ao que Rezende (2004)[7] viu acontecer em sua pesquisa de mestrado com os sujeitos analisados: à medida que os professores flexibilizavam suas ações de ensino/aprendizagem diversificando as formas de registro/avaliação, ampliavam também as possibilidades de os sujeitos da aprendizagem mobilizarem suas capacidades de tomar decisões, de pesquisar, de elaborar hipolivros, de sin-

---

6. Realizar atividades acadêmicas de baixa relevância para as aprendizagens dos estudantes.

7. Outra pesquisa da autora deste livro.

tetizar, de formar opiniões próprias, de divergir e de consensuar ideias. Tais capacidades desveladas potencialmente foram importantes para a reconstrução do conhecimento, sendo a reflexão uma potencializadora primordial do processo de aprendizado discriminado – num primeiro momento a ação; posteriormente, o distanciamento do trabalho produzido e novamente o contato com a ação inicial para um refazer e uma (re-)análise. Portanto, a reflexão é um modo de fazer e de retomar o vivido, o já realizado. Seria um reencontro com a experiência tendo o objetivo de inscrever um sentido, de aprender a partir dela e de, nesse processo, desenvolver novas compreensões e apreciações (SÁ-CHAVES, 1998).

Da tessitura da aula ao entendimento de portfólio: relações docente, discente e a construção do conhecimento

Nas primeiras aulas, a autora deste livro experimentou uma sensação de prazer e de descontentamento. Prazer, por perceber que os estudantes almejavam ações que lhes permitissem protagonizar. Descontentamento, por compreender que os mesmos estudantes ouviam o que apresentava como proposta, mas não a compreendiam.

A solução usada na resolução dessa questão foi começar a discussão dos conteúdos pela avaliação, para que os alunos pudessem entender as diferentes concepções de avaliação e, assim, conseguissem compreender também o que se esperava na construção dos portfólios. Entretanto, mesmo que os estudantes idealizassem tal concepção, ao mesmo tempo, não o compreendiam na prática e, por vezes, se manifestavam carregados de resistências à proposta.

Nas dez primeiras aulas sempre uma pontuação de algum estudante provocava a retomada de como proceder à composição da avaliação por meio dos portfólios. O processo que estava sendo vivenciado pelos estudantes, ainda desconhecido em sua inteireza, provocava insegurança e, às vezes, desconfiança de que se eles teriam competência para realizar as tarefas propostas e/ou recriar sobre a proposição em questão.

> No princípio fiquei muito desconfiado e até discordante das ideias apresentadas para a Professora Márcia (Marcelo).

A reação dos alunos à proposta de, a partir de uma nova relação pedagógica, elaborar um portfólio, contemplando toda organização acima como princípios de sustentação da ação didática e como possibilidade para avaliação do curso sob nova dimensão, pareceu-lhes muito inusitada aos olhos da maioria dos estudantes. A reação manifestada era de muita surpresa, medo, inseguranças e muitas dúvidas. A intenção era tornar esses alunos construtores das cenas nas aulas de didática, por meio de pesquisas que envolvessem as múltiplas linguagens.

Veja-se o texto a seguir elaborado para discussão com os estudantes como estratégia provocativa de melhor compreensão da proposta – sua concepção de avaliação, registros acadêmicos e uso de portfólio de aprendizagem.

Avaliação em portfólio: implementando uma *nova didática*

O desenvolvimento desta experiência didática contará com ação dos sujeitos envolvidos no processo que, ao implementar uma *nova didática*[8] (novas relações pedagógicas, nova relação com o conhecimento), propõe que as atenções pedagógicas se voltem para a percepção da totalidade das dimensões do ser humano – a dimensão cognitiva, ética, estética, política, moral, social, emocional, corporal... para buscar uma formação mais plural, mais total. Essas dimensões ficarão claras após a leitura e compreensão do que sejam *projetos de trabalho*, experienciando posteriormente a feitura dos mesmos. O cenário será de transformações e *transgressões*. A *nova didática* se constituirá – reordenando tempo/espaço, a relação professor/aluno, currículo, avaliação... A proposta de construção dos portfólios de aprendizagens tem por finalidade dar visibilidade às ações emergentes que, compostas coletivamente pelos docentes e discentes, colocam em prática o desejo de *renovar* o cotidiano das aulas de didática de licenciatura. Efetivar-se-á uma Proposta Político-Pedagógica de trabalho, fundamentada nos seguintes princípios formadores: 1) formação humana em sua totalidade; 2) a universidade como espaço de

---

8. Teve-se como referência que a ação docente está incorporada por diferentes dimensões: técnica, estética, política e ética (RIOS, 2001).

encontro e produções individuais e coletivas; 3) *nova* identidade na formação profissional; 4) avaliação formativa. De acordo com os princípios supracitados, os espaços acadêmicos abrem-se para vivências culturais, avançando na recuperação de sua função como espaço público privilegiado de cultura e centrando-se não na transmissão/recepção de informações e saberes, mas na sua constituição como centros da formação coletiva e humana (SANTOS, 2000a; 2000b).

Avaliação em portfólio: observação, registro e reflexão
O curso estimulará vivências diferentes de registros em que os estudantes aprenderão fazendo ao observar aulas, ao fazer as dinâmicas reflexivas, ao produzir os projetos de trabalho. Os estudantes serão estimulados a observar e *eleger o objeto de investigação, a elaborar objetivos claros, identificar contextos e momentos específicos*. Trabalha-se com a hipolivro de que as formas de registros[9] planejadas pelo professor permitem perceber sua concepção de ensino-aprendizagem determinando seu processo e produto. Os jeitos de avaliar – os instrumentos – vivenciados na sala de aula devem possibilitar uma explosão de ideias, formas e expressões avaliativas:
1) *Debates, trabalhos em grupo, autoavaliações, painéis de trabalho etc.*: São instrumentos de avaliação que permitem auxiliar os estudantes e a professora a expressarem com suas próprias palavras; exemplificarem; estabelecerem relações com outros conhecimentos; produzirem reflexão sobre as ações que realizam; tomarem consciência crítica dos modos de agir que utilizam frente às tarefas que lhes são propostas na escola; enfim, produzirem coletivamente.
2) *Pesquisas, jogos, dinâmicas, desenhos, exercícios das diversas disciplinas, provas, painéis, maquetes, dentre outros*: São instrumentos que podem proporcionar situações de interação e um espaço para compartilhar, confrontar, negociar ideias; potencializar algumas

---

9. Cartas, entrevistas, anotações estruturadas ou não, o uso de textos em diferentes gêneros literários, provas, testes, fotografias, maquetes, elaboração de projetos de trabalho, confecção de cartazes, painéis, portfólios dentre outros.

situações e problematizações, levando o grupo a colher mais informações, explicar suas ideias e saber expressar seus argumentos possibilitando a reflexão sobre os diferentes caminhos trilhados pelos estudantes durante um processo de trabalho coletivo.

Nesse sentido, o uso de portfólios como instrumento avaliativo ao longo do curso pretende colaborar para que os sujeitos possam expressar diferentes possibilidades de produção do conhecimento e tomada de consciência crítica dos modos de agir que utilizam frente às tarefas que lhes são propostas na sala de aula. Pode-se dizer assim que a avaliação vivenciada dessa forma é uma atividade criativa e reflexiva (SCHÖN, 2000). Para que uma boa reflexão aconteça, diversificados processos de registros serão estimulados e paulatinamente construídos, formatando registros que, em seguida, poderão ou não estar contidos nos portfólios.

Os registros escolares devem colaborar para a realização de uma boa avaliação. Um bom olhar avaliativo pode ser estruturado a partir do seguinte tripé: observação, registro, reflexão; esses num jogo ininterrupto e espiralado colaboram para que boas reflexões sobre o processo ensino-aprendizagem venham à tona.

Veja-se a seguinte representação da avaliação/registros nos moldes interpretados.

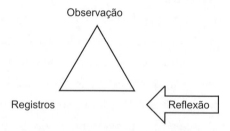

Essa representação – observação, registros, reflexão – é o modelo que orientará a experiência, confirmando que o ato de registrar é um exercício metodológico sistematizado, rigoroso de observar para refletir, analisar e retroavaliar e (re-)planejar ações que contemplem as diferentes culturas produzidas, reproduzidas existentes em instituições educacionais[10].

---

10. Weffort (1992) destaca também importantes funções do registro.

Destaca-se nessa representação o papel fundamental que a reflexão pode produzir a partir dos registros acadêmicos, permitindo levantar hipolivros das ações planejadas e implementadas, repensar o caminho percorrido e construído na busca de resultados significativos, levantar as evidências do que se conseguiu aprender/ensinar e as evidências das dificuldades que ainda precisavam ser enfrentadas e, a partir delas, o reconhecimento das superações que precisam ser conquistadas.

Dessa forma, o processo tende a não ser tranquilo e fácil, podendo, no entanto, desencadear conclusões duradouras e/ou satisfatórias. Segundo Dewey (1959), o processo de reflexão se define como fusão, hesitação, recuo, por *caminhar em círculo*. Uma vez encontrada, muitas vezes, a conclusão deverá ser abandonada e o processo recomeçado. Raramente a reflexão é fácil; na melhor das hipolivros, diverte e excita e, na pior, é tarefa dolorosa, acompanhada de muitos momentos de frustração. Dewey (1959) define a reflexão como sendo um tipo de pensamento que incorpora o método científico em seu sentido mais amplo. Para ele, todo pensamento de valor deve ser antecedido pela reflexão. Mais do que isto, a reflexão conduz a generalizações compreensíveis que têm o máximo de valor de transferências e novas situações.

Assim, infere-se que, para chegar ao nível da reflexão, seria necessário um bom material de registro e disposição para entender e escutar a análise que o registro mostra.

O registro vai se formatando com uma essencial função: comunicar. Para isso, Dewey (1974a) contribui novamente com a questão ao destacar o caráter instrumental e final da educação – a comunicação e a linguagem. No presente caso, entende-se que os registros assumem importância fundamental para difusão desse papel de auxiliar a relação ensino-aprendizagem.

Dessa forma, depois de concluído o tripé avaliativo, os registros presentes nos *portfólios* deverão dar origens em suas diferentes formas e servirão à docência, apontando o processo de formação de cada aluno e *feedback* do seu desempenho profissional. Servirão aos estudantes como fonte de autorreflexão, possibilitando a reflexão dos processos de formação vividos e a redefinição de novas possibilidades educativas.

Esses elementos previstos no ato de registrar e avaliar compondo o portfólio evidenciaram a complexidade de efetivar esse processo na prática, o que significa que nenhuma avaliação é aleatória, espontânea, descontextualizada. Ou seja, o ato de registrar e avaliar exige um planejamento, reflexões e tomadas de novas atitudes. Segundo Weffort (1992: 3),

> [...] pensar a prática sem o seu registro é um patamar da reflexão. Outro bem distinto é ter o pensamento registrado por escrito. O primeiro fica na oralidade não possibilitando a ação de revisão, ficando apenas nas lembranças. O segundo força o distanciamento, revelando o produto do próprio pensamento; possibilitando rever, corrigir, aprofundar ideias, ampliar nosso pensar. A ação de registrar, em linguagem verbal e não verbal, nos possibilita rever nossa ação e melhor compreendê-la.

O registro nos moldes acima destacados parece encontrar maiores facilidades para a sua concretização nos 1º e 2º ciclos de formação, no Ensino Fundamental, sendo ainda incipientes experiências como estas realizadas no Ensino Superior, dada sua especificidade e a marca cultural da rigidez e fragmentação dos saberes acadêmicos vivenciados por várias décadas (CUNHA, 1998; SANTOS, 2000b, 2004; MORIN & LE MOIGNE, 2000).

Avaliação em portfólio: um viés humano e político

A relação pedagógica focada pedagogicamente pelo viés humano e político[11] dará relevância a diversificados registros que poderão conter os portfólios como componentes integradores da avaliação – como oportunidades formativas. Isto não tem outra razão de ser, senão pelo fato de que, ao avaliar uma pessoa, essa vem

---

11. Humano, porque destaca os sujeitos desse processo como seres que refletem, que apresentam diferentes possibilidades de participação, que são respeitados e considerados em suas histórias/experiências de vida. Político, porque norteia as tomadas de decisões em diferentes momentos, decisões essas que poderão orientar as práticas pedagógicas no sentido da inclusão ou da exclusão dos estudantes, da manutenção ou transformação do contexto em questão.

quase sempre seguida de instrumentos de registros que, se bem orientados, podem produzir aprendizagens significativas. Nesse sentido, pretende-se trabalhar com a marca indissociável da avaliação e das possibilidades de formação humana, sendo esses, por sua vez, relacionados a uma adequada relação ensino-aprendizagem.

A elaboração do texto, com apresentação em *slides show* aos estudantes, teve a intenção de favorecer a melhor compreensão deles acerca da proposta do Curso de Didática. Falou-se sobre concepções de avaliação, vivenciaram-se dinâmicas para discussão do tema e estas colaboraram para a sensibilização dos estudantes. Discutiu-se a avaliação por meio dos diversificados registros e do uso de portfólios com instrumento avaliativo.

Durante o processo vivenciado dessa experiência alguns alunos foram se manifestando em relação à pesquisa que iriam implementar, na realização de seus projetos de trabalho, de acordo com o previsto no programa do curso. No entanto, percebeu-se que outros estudantes ainda não se sentiam seguros para a concretização da estrutura de portfólio que tinha em seu eixo central a compreensão e a realização de projetos de trabalho.

Fazer um portfólio e ainda por cima ter que elaborar projetos de trabalho, na concepção apontada por Zabala (1998; 2000), Hernández (1998; 2000), Hernández e Ventura (1998) dentre outros, buscando nas experiências do cotidiano (DEWEY, 1974b)[12] os saberes a serem desvelados, parecia ser uma solicitação impossível aos estudantes. Observou-se tal desconforto diante da proposta nas expressões faciais de descontentamento, no farfalhar das pernas, nas mudanças de humor... no sorriso de alguns (na aprovação da proposta), na careta de outros (ao resistirem à proposta). As falas e registros autoavaliativos são a comprovação dos sentimentos de angústia e incertezas vividos pelos estudantes.

---

12. John Dewey (1859-1952) foi portador de uma nova concepção pedagógica, colaborando para o redesenho de novas perspectivas curriculares. Hernández e Ventura (1998), Zabala (1998; 2002) dentre outros, ao traduzirem as obras de John Dewey, acabam por apresentar uma alternativa pedagógica à escola tradicional. Propõem trabalhos educativos na ótica globalizante do conhecimento. Essa possibilidade é traduzida atualmente como projetos de trabalho e é considerada uma alternativa dinâmica para a construção de diferentes saberes e registros: como é o caso dos portfólios.

> Cheguei a pensar: a professora é meio louca. Muitas pessoas tiveram essa sensação (Theo Mota).

> O curso parecia não ter direção (Ana Flávia).

> Fui bastante resistente em aceitar a ideia de que o curso em que o sistema avaliativo não se fazia por meio de provas pudesse produzir resultados satisfatórios. Verifiquei mais tarde o quanto estava equivocada [...] (Viviane).

O número significativo de turmas e de estudantes por semestre demandava uma grande disponibilidade de tempo para o acompanhamento passo a passo do processo ensino-aprendizagem desencadeado. Considerando a carga horária do curso e as dificuldades manifestadas pelos estudantes como as destacadas acima, bem como as incertezas docentes, constatou-se como necessário e prudente, naquele momento, ir reestruturando a proposta com a inserção de novas informações.

Um processo de avaliação formativa, como o instaurado nessa experiência, requereu um trabalho de interpretações das informações coletadas, impondo lançar mão de um quadro referencial teórico que desse conta dos múltiplos aspectos – afetivos, cognitivos, sociais – que integram o processo de aprender, como apontam Villas Boas (2004) e Araújo e Alvarenga (2006). Nesse sentido, percebeu-se que a prática avaliativa por meio do uso do portfólio exigiu maior disponibilidade docente e um estudo permanente em diferentes áreas do conhecimento. Além disso, os portfólios demandam grande responsabilidade em termos de autoadministração, autoavaliação e autorreflexão.

Era uma intenção docente colaborar minimamente com os estudantes para que desenvolvessem uma postura de *investigação* diante dos diferentes saberes escolares. Para isso, pretendia-se utilizar a elaboração dos projetos de trabalho como procedimento pedagógico importante para formar professores-pesquisadores, escritores de suas experiências, colaborando na aquisição de conhecimentos significativos. Objetivava-se ensinar um fazer didático, exemplificando e mostrando possibilidades para a concretização de uma docência responsável com o processo de ensino e de aprendizagem.

Destarte, propôs-se que criassem grupos de trabalho e que juntos pesquisassem temas indicados, tais como: educação e tecnologia, educação e arte, corporeidade, infância, juventude, educação de jovens e adultos, alfabetização e letramento.

Foi sugerido que, para conhecer o tema, os estudantes utilizassem diferentes instrumentos metodológicos: entrevistas, observações, grupos focais. Essas informações poderiam ser buscadas em grupos de alunos, escolas, professores, grupos musicais; escolas que trabalhassem com pedagogia de projetos; que avaliassem por meio de portfólios; que desenvolvessem seu Projeto Político-Pedagógico (PPP) na lógica do ciclo de idade de formação; que tivessem grupo de dança, teatro; que desenvolvessem práticas corporais/musicais, artes dentre outras diferentes: linguagem estética; grupo de capoeira; novas tecnologias (rede estadual/municipal/particular): computação, mídia (linguagem midiática), a matemática por meio de jogos; rádio comunitária com concepção ampliada de letramento; diferentes materiais iconográficos (com fotografia, *charges e cartuns*, desenhos infantis, desenhos, gravuras, pinturas etc.) e Organizações Não Governamentais (ONGs).

Desejava-se que os alunos utilizassem as linguagens midiática, fílmica, cênica, escrita, gráfica, plástica, dentre outras, para mostrar as possibilidades educativas que a cidade de Belo Horizonte tem ofertado. Assim, o registro em vídeo pediria uma observação inicial, talvez uma entrevista dentre outras técnicas de pesquisa. O produto desse processo seria o conteúdo das aulas dialogado com autores que pudessem enriquecer o debate. Apontava-se como alternativa também a possibilidade de produção fotográfica; produção de um teatro e/ou dança e/ou outras possibilidades que os(as) alunos(as) pudessem escolher que não estivessem destacadas no portfólio.

A ideia era pedagogicamente grandiosa, requereria tempo fora da sala de aula e percebeu-se que os alunos, embora manifestassem resistências, aos poucos foram disponibilizando seus tempos e espaços e aderindo à proposta. A reflexão sobre a carga horária do curso estava posta: como formar professores em tão pouco tempo? Nesse momento, nova confusão mental: a instituição estaria formando um professor com possibilidades formativas reduzidas?

A estrutura proposta de portfólio pretendia minimizar o problema do tempo e também do tipo de formação que poderia ser veiculada, trabalhando mesmo que minimamente para a formação do professor como pesquisador. Na certeza de que seria um trabalho árduo, lutando contra o tempo, considerou-se melhor ir adequando a estrutura do portfólio às possibilidades contextuais, temporais e espaciais dos estudantes e da docente.

Transformar a sala de aula num laboratório de pesquisa das diferentes expressões de linguagens educativas (SCHÖN, 2000) tinha como propósito dar visibilidade às ações (individuais ou coletivas) que os alunos deveriam desenvolver em sala de aula. Sob essa concepção educativa, os registros de aprendizagem que poderiam conter o portfólio passaram a ser: de observação de uma aula, escolha de foto preferida e a explicitação de motivos para a seleção, trabalhos em grupos e individuais com conteúdos do curso, apresentação de projetos de trabalhos, entrevistas, registros das dramatizações, *performances* dentre outros. Todos esses instrumentos avaliativos deveriam conter análises, reflexões e autoavaliações que dialogassem com os conteúdos trabalhados durante o curso.

Tentou-se manter-se firme nos objetivos iniciais propostos e ajudar os estudantes sobre o *como* fazer e *por que* fazer portfólios de aprendizagens, mas também isso não bastou. As informações verbais não eram suficientes. As primeiras cinco aulas eram tomadas para discutir a composição e montagem dos portfólios. Para completar essas informações foram elaborados materiais instrutivos adicionais, apresentando observações importantes para confecção do portfólio, como as apresentadas a seguir.

Observações importantes para confecção do portfólio

Caro aluno, seguem algumas reflexões que o orientarão na reescrita e/ou na **análise do seu relato (observação em sala de aula) e ou outras produções (análise das fotos, dinâmica do olhar, vivência em sala de aula...)** na composição do portfólio.

"A produção de texto requer não só a representação de um código formal (o alfabeto, as convenções ortográficas, os procedimentos de organização da página, a paragrafação, pontuação), mas, principalmente, a apropriação de uma multiplicidade de regras sociais que envolvem o uso da linguagem. Em outros termos, não basta a técnica de escrever os padrões formais (gramaticais); é necessário a compreensão de que o sistema da escrita cumpre, numa sociedade, inúmeras funções, daí a produção e circulação de tantos textos em diferentes formas" (*Caderno Ceale*, vol. III, out./98).

Nesse sentido, ao escrever um texto, o autor deverá considerar os seguintes aspectos: o que (qual tipo de texto); para que; para quem; onde; quando e como. Esses elementos evidenciam a complexidade do processo de produção textual, o que significa que nenhuma produção é aleatória, espontânea, descontextualizada. Ou seja, o ato de escrever exige planejamento, e esse acaba por revelar a concepção de vida/de homem implícita no texto.

A par disso, o sentido de um texto depende da inter-relação entre a forma, o conteúdo e o contexto no qual foi produzido.

Dada a complexidade do processo, trabalhou-se com a ideia de que a primeira versão de um texto não pode ser considerada como definitiva. A revisão do texto assume uma importância fundamental e deverá ser feita pelo autor (aluno) e, quando possível, por diferentes interlocutores.

Sobre o(s) *relato(s) da (s) aula(s)*

1º momento: verifique se você conseguiu estruturar um texto na forma de narração/descrição das atividades desenvolvidas na sala de aula (descreveu sujeitos? Reconstruiu diálogos? Descreveu local? Eventos especiais? Descreveu as atividades? Comportamentos dos observados...?

2º momento: faça uma segunda observação (tente melhorar o que deixou despercebido na primeira observação).

3º momento: análise de cada observação.

Ao elaborar a análise de suas produções, torna-se importante que o autor (aluno) estabeleça relações com os textos lidos (bibliografia do curso), com os debates em sala de aula – relacionar as situações mais gerais e mais pontuais da experiência que relataram. Dessa forma, utilizando-se da estratégia discursiva de reflexão e análise, o autor (sujeito) dialogará com diferentes vozes (ou interlocutores), que podem ser apresentadas de forma implícita ou explícita no texto.

Atenção: a observação desses momentos serve como dica na construção de todos os textos propostos para o portfólio.

Apresentaram-se ainda orientações importantes do significado dos seminários e de como realizar a composição dos mesmos para as aulas.

Orientação para composição dos seminários

O nome dessa técnica vem da palavra *semente*, o que parece indicar que o seminário deve ser uma ocasião de semear ideias ou favorecer a sua germinação. Talvez seja por essa razão que nas universidades o seminário constitui, em geral, não ocasião de mera informação, mas fonte de pesquisa e de procura de novas soluções para os problemas.

Basicamente, o seminário é composto por um grupo de pessoas que se reúnem com o propósito de estudar um tema sob a direção de um professor ou autoridade na matéria. A sua finalidade é:

1) Identificar problemas

2) Examinar seus diversos aspectos

3) Apresentar informações pertinentes

4) Propor pesquisas necessárias para resolver os problemas

5) Acompanhar o progresso das pesquisas

6) Apresentar os resultados aos demais membros do grupo

7) Receber comentários, críticas e sugestões dos companheiros e do professor

Os alunos são agentes ativos de sua própria aprendizagem

Ajudado por um arranjo físico que permite o diálogo coletivo (sem círculo ou semicírculo), o professor apresenta o tema e justifica a importância, demonstrando ainda a existência de problemas que constituem um desafio; ajuda os participantes a selecionarem subtemas específicos para os trabalhos de pesquisa, que podem incluir pesquisas de campo ou de laboratório. O professor confecciona um calendário para a apresentação dos trabalhos dos alunos; orienta os alunos na procura das fontes de consulta tais como: livros, relatórios de pesquisa, pessoas e instituições. Ajuda-os também a ordenar as ideias encontradas para apresentá-las ao grupo; dirige a sessão de crítica ao final de cada apresentação e faz comentários sobre a exposição.

Por sua parte, os alunos escolhem seus temas e fazem as pesquisas. Participam ativamente nas sessões de apresentação, formulando perguntas, expressando opiniões e fornecendo informações.

Importante: Os trabalhos serão apresentados por escrito com cópias para serem distribuídas a todos os participantes dos seminários. O grupo de trabalho será avaliado tendo em vista seu desempenho da apresentação (conteúdos factuais, conceituais, procedimentais e atitudinais. Organizam-se esses conteúdos em uma ficha de observação que servirá para a sistematização da avaliação do grupo).

Outro roteiro importante foi a orientação de como os estudantes deveriam preparar os relatórios dos grupos de trabalho no seminário a serem apresentados nos portfólios.

Ao fazer o relatório do seminário, o grupo deve observar as seguintes questões

Cabeçalho:

Disciplina:

Grupo de trabalho: (nomes completos dos alunos e suas áreas de origem)

Tema abordado:

Data:

Sobre os conteúdos do relatório

1) Intenção do texto dentro do Curso de Didática.

2) Por que o texto foi escolhido?

3) Postura crítica diante do texto.

4) Apropriar do significado mais profundo (principais reflexões que o(s) autor(es) abordam).

5) Não se comportar passivamente diante da leitura.

6) Condicionamento histórico/filosófico/sociológico do autor.

Metodologia

1) Descrever como desenvolveram o tema

2) Quais os recursos materiais utilizados?

Por exemplo: a) Se utilizarem fotos, elas devem ser escaneadas e tratadas analiticamente no texto; b) Se utilizarem o vídeo, apontar breve comentário relacionado ao tema, informando ainda suas bases técnicas (autor, diretor...); c) Se usarem lâmina, artigos de jornais, dinâmicas, letras de músicas... todas essas situações pedagógicas devem compor o material escrito da preparação do seminário a ser entregue para a professora, como cópia para os membros do grupo (para uso no portfólio) e para ser disponibilizado para os outros alunos na xerox.

3) Conclusões do trabalho

4) Autoavaliações do grupo

5) Avaliação da professora

Para elaborarem seus projetos de trabalho, outra orientação fez-se necessária. A partir dessas orientações construídas ao longo do processo buscava-se sustentar o ensino e a aprendizagem pretendidos. As estratégias criadas com o desenvolvimento do curso – indicação de leituras teóricas, as orientações de atividades e dinâmicas de trabalho propostas para ilustração dos conteúdos dentre outras, foram essenciais para minimizar tensões pedagógicas reveladas a partir do momento em que os estudantes se envolviam com as ações. Por outro lado, realizar o processo pedagógico dessa forma significou despender um tempo considerável para sua implementação e monitoramento. Neste sentido, a docência passou a ocupar o lugar de criação de seus próprios textos, que completaram informações trazidas pelos referenciais teóricos, orientando novas questões. Essa postura acrescentava um tempo extra que deveria ser destinado à docência, mas muito necessário na implementação de práticas pedagógicas que têm a pretensão de romper a racionalidade técnica, tão presentes nas aulas tradicionais (SÁ-CHAVES, 1998).

Entre os percalços e indagações docentes e discentes, a experiência foi sendo traçada e registrada em cada portfólio de aprendizagem e esses foram trazendo pistas, evidências para uma futura avaliação dessa proposta didática. Os estudantes foram se sentindo mais confortáveis e seguros ao se apropriarem dos conceitos e procedimentos avaliativos apresentados por meio das referências teóricas debatidas no início do curso, dispostos nos quadros destacados nas páginas anteriores. Já a confiança docente foi conquistada ao avaliar os registros discentes, presentes nos portfólios – fruto de uma relação pedagógica efetivada por meio do diálogo, da mediação de incertezas/certezas pedagógicas e da incessante busca por aprendizagens significativas.

Pode-se inferir que os sucessos iniciais da experiência reforçaram o êxito profissional, fazendo minimizar o medo presente no início da mesma, sendo o retorno positivo dos alunos essencial no impacto dessas novas percepções da professora-pesquisadora sobre como ser e construir sua profissão (NÓVOA, 1995). Hadji (2001) apresenta ideias importantes destacando que o desempenho do estudante depende do contexto e do processo geral de comunicação/negociação entre docente/discente e a instituição escolar. A pesquisadora, motivada por essas informações do autor citado, considerou que seu desempenho profissional também foi diretamente influenciado pelo contexto acadêmico e pela relação pedagógica estabelecida entre ela, os alunos e a instituição.

Mais confiante em si mesma, a professora reforçou junto aos estudantes a possibilidade e a capacidade de, juntos, implementarem trabalhos pedagógicos, sendo os processos e produtos avaliativos colocados a serviço das aprendizagens (HADJI, 2001).

Ao trabalharem coletivamente, nos trabalhos em sala de aula e realização dos seminários e/ou dos projetos de trabalho, testemunhou-se o labor pedagógico atingir um caráter formador: havia prazer na atividade que realizavam, buscando novas informações, separando e organizando os materiais necessários à discussão, construindo roteiros de trabalho, pesquisando na internet; enfim, relacionando-se, construindo espaços de troca capazes de promover a humanização e a autonomia.

Uma das atividades iniciais foi a construção de recortes de *memórias da sua vida*, por meio da análise de fotografias – produzidas por outros e/ou pelos próprios estudantes. Escolhida por ele, dele ou de outra pessoa querida e/ou que ele gostaria de contar a história da fotografia por ele posta em evidência. Nessa tarefa, como em todas as outras, a criatividade foi bastante estimulada, assim como em todo o desenvolvimento do trabalho. Todos os demais documentos, já tendo passado por uma triagem, representando o que de melhor foi produzido, bem como as maiores conquistas acadêmicas e pessoais, completavam o portfólio. Declarações sobre si mesmos e registros de performance, habilidades e reflexões sobre o sentimento e ações após cada tarefa foram essenciais para autoavaliações e ofereceram condições de perceber o quanto a tarefa foi desafiadora, interessante, motivadora ou estressante, difícil, sem sentido.

Os estudantes eram estimulados a elaborar suas atividades e nunca descartá-las. O refazer numa 1ª, 2ª, 3ª versão etc. revelava o crescimento acadêmico de cada estudante e diante do processo iam sendo capazes de se autoavaliar e demonstrar suas aprendizagens. Destarte, os documentos analisados e que compunham os portfólios eram trabalhos que já haviam sido lidos pela professora e devolvidos com apreciações para a sua finalização e/ou clareamento de ideias presentes no texto, mas interrompidas e/ou pouco delineadas.

Ao fim do curso, os portfólios eram apresentados em diferentes formas: a maioria encadernada, visualmente agradável, indicando de forma sintética os ganhos de aprendizagem, focalizando o processo e o produto obtidos. Outros, de maneira irreverente, apresentavam os trabalhos com *design* arrojado, como que querendo que a própria forma pudesse dizer do conteúdo do trabalho. Ao ler detalhadamente todos eles, vê-se que *forma e conteúdo* eram leais à tentativa de qualificar o trabalho, dando a ele toques de criatividade, originalidade, capazes de revelar talentos, talvez pouco valorizados no cotidiano da academia.

Foram solicitadas atividades reflexivas, consideradas pela pesquisadora como motivadoras e capazes de estimular o aluno ao autoconhecimento. Veja o exemplo da primeira estrutura do portfólio usada nas primeiras turmas do ano de 2003.

Para cada atividade era solicitada uma autoavaliação capaz de desvelar as aprendizagens mobilizadas na sala de aula. O exercício de se autoavaliar era tão importante quanto demonstrar os progressos feitos e apresentar questões que ainda ficaram pendentes de tratamento teórico e prático.

Um roteiro estruturado do portfólio (quadro abaixo) foi apresentado aos estudantes nos primeiros encontros e distribuído a todos(as), mas dando a liberdade para os estudantes elaborarem livremente seus portfólios a partir da estrutura previamente acordada coletivamente. Levou-se em conta que eles mudam progressivamente sua relação com o saber (HADJI, 2001) e que, ao retomarem as atividades, podem se dar conta de elementos e relações que antes não tinham percebido.

Estrutura do 1º portfólio

1) Observações, locais

a) Observação em sala na aula

b) Observação de outra aula

2) Roteiro para anotações escritas[13]

Data da observação Pesquisadora: Participantes:_____ Número: _____ Número do conjunto de notas no total do estudo: _____ Data do registro da observação: _____	
NOTAS PESSOAIS/REFLE- XIVA	NOTAS DE CAMPO/DES- CRITIVA
a) Reflexões analíticas b) Reflexões metodológicas c) Dilemas éticos e conflitos d) Mudanças na perspectiva do observador e) Esclarecimentos necessários	a) Descrição dos sujeitos b) Reconstrução de diálogos c) Descrição de locais d) Descrição de eventos especiais e) Descrição de atividade f) Os comportamentos dos observados

Roteiro de observação não estruturado (livre)

- Autoavaliação formativa das duas observações.
- Autoavaliação cumulativa desse ciclo de observações.

3) Entrevistas

Registros: Filmagem e anotações

a) Entrevista em sala de aula

---

13. Roteiro de observação sugerido pela Professora Jane Maland Candy, no curso de Métodos Qualitativos na Avaliação Educacional, em abril de 2001.

b) Questões para as entrevistas: (elaboração do entrevistador)

c) Autoavaliação formativa da entrevista

4) Trabalho em grupo

4.1) Seminário/roda de debate

Escolher temas de um dos módulos e apresentá-los ao grupo utilizando-se de diferentes métodos qualitativos e/ou dinâmicas de trabalho. Escrever os pontos-chave do artigo, apontar críticas e relacioná-las à prática pedagógica e aos trabalhos que os grupos forem produzindo.

4.2) Grupo focal

Com estudantes que compõem grupos de dança *Happ/Funk/Rock/* teatro/coral... (sendo que esses devem compor o currículo da escola). A ser realizado com grupos de até seis alunos.

ou

4.3) Produção de um vídeo sobre a prática pedagógica de professores

5) Dinâmica da fotografia (1º dia de aula): Ampliar a discussão que foi apresentada no 1º dia, a partir das ideias gestadas durante o curso.

6) Álbum de fotografia: por meio de uma foto escaneada (em qualquer fase de sua vida), contar um pouco de sua vida e depois o que marcou sua trajetória escolar (atividade para o 4º módulo).

7) Avaliação do aluno e do professor/do conteúdo selecionado...

a) Avaliação do curso/da aula/do trabalho do professor.

b) Autoavaliação da participação do aluno no curso.

Quadro 1 1º Formulário de avaliação cumulativa – ano de referência: 2004.

FORMULÁRIO DE AVALIAÇÃO CUMULATIVA					
Atividades/ Períodos	Data do início do trabalho	Data da finalização	Local	Participantes	Nota[14]
Observação da aula					
Entrevista					
Projeto de trabalho					
Grupo focal					
Produção de vídeo					
Dinâmica das fotos					

Os estudantes tinham liberdade de recriar a partir do roteiro estruturado e produzir novas tarefas e, nesse sentido, acabavam por elaborar trabalhos originais, capazes de revelar suas aprendizagens individuais e coletivas. Também tinham eles próprios a responsabilidade de compreender e analisar os conhecimentos a que tinham acesso. Essa foi uma forma de conduzir os estudantes a fazer uma retomada crítica das ações que iam sendo realizadas, permitindo-lhes melhorar seus desempenhos (MEIRIEU, 1998) numa decisão, às vezes, espontânea de avaliar o trabalho realizado, numa perspectiva de desenvolver os processos avaliativos pautados por processos pedagógicos de autorregulação. Segundo Zimmerman (2000)[15], apud Castro (2007), várias são as perspectivas sob as quais os processos de autorregulação são estudados, sendo as semelhanças entre eles superiores às divergências. Defende que os estudantes, ao vivenciarem diferentes processos educativos de autorregulação, podem desenvolver-se em diferentes aspectos.

---

14. Você se autoanalisará quantitativamente e, posteriormente, qualitativamente.

15. Zimmerman, B.J. (2000). "Attaining self-regulation: A social cognitive perspective". In: BOEKAERTS, M.; PINTRICH, P.R. & ZEIDNER, M. (orgs.). *Handbook of self-regulation*. San Diego: Academic Press, p. 13-39.

1) Melhorar a sua capacidade de aprendizagem por meio do uso selectivo de estratégias metacognitivas e motivacionais; 2) seleccionar de forma proactiva, estruturada e mesmo criar ambientes de aprendizagem mais adequados; 3) desempenhar um papel importante na escolha das formas e quantidade de instrução que necessitam. Diversos investigadores sociocognitivos da autorregulação têm-se preocupado em explicar como é que as alunas e os alunos se tornam gestores do seu próprio processo de aprendizagem. Para estes autores, a aprendizagem é encarada como uma actividade que as alunas e os alunos desenvolvem para si próprios de uma forma apropriada e não como algo que lhes acontece de modo reactivo a um processo de ensino, como tradicionalmente se assumia (ZIMMERMAN, 2000).

[...] Assim, no âmbito desta teoria os indivíduos são considerados como capazes de exercerem controlo sobre o seu comportamento, o qual influencia quer o ambiente em que se inserem, quer os seus estados biológicos, afectivos e cognitivos através da sua capacidade de autorreflexão e da autorregulação, pelo que são percepcionados como seres activos e não como meros "transmissores mecânicos" das influências ambientais (CASTRO, 2007: 10).

Indo ao encontro das proposições teóricas de Zimmerman, apud Castro (2007), a experiência em análise desvela o uso das autoavaliações no sentido de situar os estudantes numa trama em que construíam a própria aprendizagem. Assim, avaliavam a si próprios e seu desempenho nas ações desenvolvidas, sendo capazes de apontar o aprendizado adquirido. Diante dos relatos de aprendizagem, a pesquisadora sempre se surpreendia, pois se encontrava diante de situações que não se imaginava terem sido tocadas ou diante de objetos de sensibilização dos estudantes[16].

O trabalho docente, por causa disso, às vezes era minimizado ou, às vezes, maximizado, pois, ao mesmo tempo em que os estudantes assumiam o protagonismo da própria aprendizagem, traziam à tona novas perspectivas

---

16. Cf. os relatos de aprendizagem no capítulo 4.

ainda não pensadas pela professora e, desse modo, levavam-na a pesquisar novos assuntos e, assim, poder minimamente dialogar com as novas e diferentes ideias e procedimentos que iam sendo emanados no processo ensino-aprendizagem. Destarte, o exercício da docente se tornava desafiador e bastante complexo. Neste sentido, os portfólios eram monitorados em momentos específicos. Pelo aluno, quando faziam sua autoavaliação; pelos colegas, quando o produto era compartilhado em equipe; e pela docente, formalmente, pelo menos duas vezes no semestre.

Tudo era foco de análise. Desde o planejamento e a organização até a produção, revisão e/ou manutenção das amostras, a presença de todas as atividades era obrigatória. Tarefas complementares foram apresentadas aos colegas com o uso do *feedback* para melhorar o desempenho.

No ano de 2004, em *novas* turmas estruturou-se um *novo* formato para o portfólio, desencadeando um *novo* rol de atividades (ficha cumulativa) que, ao longo do curso, seria acompanhado e controlado por eles mesmos. Nessa ficha, eles(as) indicariam a data do início da ação didática realizada e data final. O tempo entre o início e a entrega das atividades solicitadas caracterizava o tempo gasto pelo estudante e pela professora na análise de seu conteúdo e forma. Como *feedback*, o estudante era orientado para finalização e/ou revisão do trabalho.

Os trabalhos dispostos no portfólio receberam notas dadas pelos próprios alunos, em conformidade com sua autoavaliação, tendo que observar as orientações da professora e que são sintetizadas ao fim do trabalho num formulário de avaliação cumulativa (veja o quadro 2).

Quadro 2 Novo formulário de avaliação cumulativa. Ano de referência: 2004.

FORMULÁRIO DE AVALIAÇÃO CUMULATIVA					
Atividades/ Períodos	Data do início do trabalho	Data da finalização	Local	Participantes	Nota[17]
Observação em sala de aula					10

---

17. Você se autoanalisará quantitativamente e, posteriormente, qualitativamente.

Observação de outra aula					10
Dinâmica da fotografia (1º dia)					10
Álbum de fotografia (11º) módulo)					10
Análise do texto de Miguel Arroyo "Um modo de ser" e Roseli Fontana "Sobre a AULA".					10
Dinâmica do olhar					05
Análise das provas					05
Vivência da utilização de diferentes linguagens em sala de aula					10
Seminário sobre um dos temas do curso e/ou projeto de trabalho					10

Questões para suas autoavaliações

1) Como você se sentiu ao produzir esses trabalhos?

2) Comente a importância de cada um desses trabalhos para sua formação como professora?

3) Qual julgou mais significativo para sua formação? Comente.

4) Quais teorias, leituras e/ou outros entendimentos anteriores influenciaram sua capacidade de observar, de analisar os trabalhos feitos em grupo na sala de aula, de organizar o seminário. Enfim, de confeccionar os trabalhos individuais?

Como visto, o formulário de avaliação cumulativa era seguido das questões para uma autoavaliação. Assim como os estudantes foram convidados a se autoavaliarem em relação a cada trabalho realizado, foram também desafiados a atribuir a si próprios as notas que julgassem merecer no trabalho.

Nesse sentido, os estudantes tinham oportunidade para refazer as atividades, quando necessário. Segundo Larrosa (1994) o discurso pedagógico é basicamente interrogativo e regulatório quando conduz os estudantes por meio de perguntas dirigidas a fazê-los falar sobre a experiência de aprendizado e a produzirem seus próprios textos de identidade. Nesse sentindo, constrói-se a experiência de si – uma gramática para a autointerpretação, para a expressão do eu e uma gramática para uma interrogação pessoal do outro.

Para Larrosa (1994: 46) "[...] o dispositivo pedagógico produz e regula, ao mesmo tempo, os textos de identidade e a identidade de seus autores". Ou seja, o estudante produz o texto, mas, ao mesmo tempo, os textos produzem os estudantes. No curso o compartilhamento das ações de avaliação do curso com os estudantes visava responsabilizá-los pela análise e atribuição de juízo sobre as aprendizagens adquiridas e ao mesmo tempo fazê-los vivenciar o desafio de atribuir valores numéricos[18] em ações qualitativas de aprendizagens. A docente, ao dividir a tarefa avaliativa, dava visibilidade à dificuldade de atribuição de notas ao produto portfólio em si, por ser diferente de estudante para estudante e por trazer limites quanto à observação dos critérios quando realizados apenas por ela. De forma abrangente, pode-se afirmar que esse formato avaliativo/autoavaliativo permitiu desenvolver nos estudantes os aspectos metacognitivos.

> A metacognição envolve o pensar sobre si próprio ou conhecer a aprendizagem de alguém e si próprio como aprendiz. É importante que as pessoas se compreendam como agentes do seu próprio pensar. Nosso pensamento pode ser monitorado e regulado deliberadamente, isto é, ele está sob o controle de nós mesmos [...]. Esta definição enfatiza que a metacognição deriva das representações mentais internas de uma pessoa ou de sua realidade [...]. Para os propósitos de aprendizagem, torna-se importante conhecer quando, onde, por que e como a pessoa aprende melhor e quais os padrões aceitáveis em uma variedade de contextos (HACKER[19], KLENOWSKI[20], apud VILLAS BOAS, 2004: 44).

---

18. Cumprindo uma exigência administrativa da instituição de ensino onde ministramos o curso.

19. HACKER, D.J. (1998). "Definitions and empirical foundations". In: HACKER, D.J.; DUNSLOSKY, J. & GRAESSER, A.C. (orgs.). *Metacognition and educational theory and practice.* Nova Jersey: Lawrence Erlbaum.

20. KLENOWSKI, V. (2003). *Developing portfolios for learning and assessment:* processes and principles. Londres: Routledge Falmer.

Uma diversidade de situações didáticas acompanhadas de avaliações dinâmicas, processuais e contínuas foi sendo implementada no sentido de acompanhar as aprendizagens mobilizadas pelos estudantes. Conforme os autores citados, *as várias dimensões da metacognição incluem o monitoramento ativo, a regulação consequente e a orquestração de processos cognitivos* para a conquista das metas estabelecidas. Para Villas Boas (2004), a metacognição requer interpretação de experiências em andamento, podendo assumir a forma de checar, planejar, selecionar e inferir e, portanto, envolve a noção de formulação de julgamento sobre o que alguém sabe ou não sabe para desempenhar uma tarefa.

Como descrito, a abordagem buscou recompensar atitudes e habilidades positivas e encorajar a criatividade e a expressão livre durante todo o processo. Dessa forma, o monitoramento durante o processo, por parte dos envolvidos, foi uma opção necessária e prudente. A observação e a análise dos documentos pela professora tiveram foco prioritário durante o processo de ensino e aprendizagem e durante a construção do portfólio. Esta avaliação foi formativa e cumpriu a função de acompanhamento e compartilhamento.

A decisão do formato final dos trabalhos: de como seriam encapados, arquivados ou guardados coube a cada estudante. A surpresa era vivida a cada portfólio recebido que, no final, foi sendo chamado de: presentes-fólio (caixas de presentes decoradas), gaiolas-fólio (gaiolas com *design* próprio e com portfólio dentro), sacolas-fólio (sacolas decoradas de acordo com a especialidade da graduação dos estudantes), pizzas-fólio (caixas de pizza), camisetas-fólio (11 camisetas representando um time de futebol, mais uma bola-fólio, organizados por 12 estudantes de Educação Física), quebra-cabeça-fólio, diário-fólio, jornal-fólio dentre outros. O conteúdo dos portfólios estava delimitado por uma estrutura e, ao mesmo tempo, extremamente flexível a acréscimos pessoais e/ou a total desestruturação do previsto desde que avaliado pelo estudante e professora observando a relevância acadêmica de tal procedimento avaliativo.

A experiência desse trabalho possibilitou compreender que os estudantes têm plenas condições de tomar decisões sobre o que melhor representa suas competências e não se sentem inseguros quanto a que amostras escolher para compor o portfólio. Têm medo de serem aceitos e de verem acolhidas as propostas de trabalho que apresentam, mas, ao perceberem a acolhida do professor, sua escuta e compreensões do realizado, se sentem plenos e ainda mais capazes de inovar no âmbito educativo.

A intenção era criar procedimentos avaliativos que fossem desafiadores e, ao mesmo tempo, de fácil acesso, capazes de mobilizar o protagonismo dos estudantes em seu conhecimento, buscando soluções para demandas investigativas. A princípio, olhando sob um foco superficial, a demanda parecia difícil, pouco acessível e de complexa elaboração; em outro giro, era adequada aos princípios do programa de formação, aos objetivos delineados e ao nível pretendido de aprendizado e de veiculação, troca e criação de saberes.

O portfólio produzido pelos(as) alunos(as) compôs a tessitura do curso. Na sistematização das aulas, no registro das discussões dos diferentes trabalhos, no contato diário entre alunos(as) e professora, nas conversas, nas vivências... testemunharam-se processos de mudança – *do ponto de vista dos valores e crenças* – vivenciados por muitos(as) alunos(as), em que esteve presente a marca sistemática da *autoapreciação e a autoadministração* (KLENOWISK, 2003, apud VILLAS BOAS, 2004).

Por serem os portfólios uma espécie de *memória* de um conjunto de eventos, cada documento ganhou um significado e representou alguma coisa importante. Preservar esse momento, fato, impressão, atitude ou intenção foi também um dos objetivos do portfólio, conforme apregoam seus defensores.

Assim, desde o processo de reflexão e reescrita dos relatos individuais de cada participante às diversas formas de registros coletivos presentes no desenvolvimento do curso pode-se perceber não apenas o amadurecimento da prática reflexiva de muitos, mas também uma mudança na própria concepção do que seja refletir a própria prática, do significado de assumir esse processo como uma produção dos sujeitos aprendentes e, não, como algo que será dado por outro, detentor de saberes e verdades prontas.

Fica a reflexão sobre a importância de se trabalhar com uma margem grande de flexibilidade para o planejamento e execução dos trabalhos, já que cada grupo de alunos exigirá uma demanda diferenciada. É mais trabalhoso pensar um curso nessa perspectiva, mas, com certeza, mais significativo e coerente com os princípios de formação docente.

Nem tudo são flores...

Destacou-se nos itens acima a promoção das aprendizagens por meio do estímulo positivo na relação professor/aluno na sala de aula, possibilitando conhecer pontos fortes e extrair informações daquilo que ainda precisa ser substanciado e sobre o que enfatizar. Nem tudo, porém, são flores, e é importante mencionar as dificuldades enfrentadas na aplicabilidade dessa proposta, dificuldades estas enumeradas a seguir.

Mudança na concepção de avaliação

Uma dificuldade encontrada se refere a uma mudança da concepção de avaliação, centrada na quantificação que permeia o pensamento dos alunos e professores, de modo geral impedindo-os de exercerem suas capacidades cognitivas de forma ampliada, por causa dos bloqueios psicológicos presentes em sua memória de uma prática avaliativa sentenciadora e ansiogênica. A adesão de outros professores a essa forma de certificar o conhecimento desvela-se como fundamental para a continuidade da assunção de um novo lugar para a avaliação no contexto acadêmico (CUNHA, 2005).

Regulação do processo de ensino-aprendizagem

Em alguns casos havia a manifestação por parte dos estudantes de que necessitavam de esclarecimentos quanto ao conteúdo adquirido. A exposição de sentimentos por parte dos estudantes quanto ao processo, às vezes, não se mostrou confiável, havendo ambiguidades quando comparadas as reflexões contidas nos portfólios com a percepção da docente. Isso impunha intervenção junto aos estudantes para uma checagem das reais dificuldades. Essa forma de abordagem requer tempo e espaços apropriados capazes de favorecer a regulação intencional, cujo objetivo é determinar ao mesmo tempo o caminho percorrido por cada um e aquele que resta a percorrer, com vistas a intervir para otimizar os processos de aprendizagem em curso (PERRENOUD, 1999a).

A resistência dos alunos em relação à diversidade de técnicas

Houve muita resistência dos alunos com relação à diversidade de técnicas de avaliação nada convencionais que foi comum em algumas falas: *"cheguei a pensar: a professora é meio louca. Muitas pessoas tiveram essa sensação"* (Marcos).

Essas resistências expressas também em outras posições, tais como: *a professora é louca; vou abandonar o curso; o curso não tem direção* levavam a um esforço superconcentrado da docência para que os estudantes pudessem compreender as intenções do curso. Percebia-se que essas formas de resistir impediam descobertas pessoais. Segundo Hadji (2001), para aprender é preciso arriscar, expor fraquezas para compactuar com as situações de aprendizagens. Ao comentar sobre o desenvolvimento da inteligência, salienta que isso só é possível na medida em que se é movido por um desejo de mudança mais forte que o temor do desconhecido.

Portfólio apenas como porta-folhas

Em poucos casos destaca-se o não entendimento do portfólio como um espaço de registrar as aprendizagens. Foi o que levou os estudantes a confeccionarem seus portfólios como um porta-folhas (no sentido estrito da palavra) com pouca ou nenhuma reflexão, e que poucos comprovaram o aprendizado. Compactua-se com Alarcão (2001) quando afirma que:

> [...] esses alunos são professores em formação, é imprescindível que eles mesmos se submetam à análise crítica do seu desenvolvimento e daquilo que apresentam como evidências de aprendizado. É certo que a aquisição de conhecimentos é um processo progressivo, inacabado e diferenciado, porém naquele momento deviam representar o seu "melhor", ainda que fosse necessário um refinamento. É preciso apresentar trabalhos de qualidade e

excelência, e importa que após uma avaliação séria, isenta e rigorosa, sejam considerados como tal (ALARCÃO, 2001: 55).

As diferentes formas de avaliação como apontadas pelo autor devem ser capazes de desenvolver no(a) futuro(a) docente se não a excelência, pelo menos o melhor de suas produções acadêmicas. O estudante deve receber essa oportunidade, aproveitá-la em sua essência e se apropriar dela no sentido de dar novos sentidos e significados[21] aos trabalhos antes considerados *inapropriados*.

Diante de todas as dificuldades listadas, vencê-las ou criar estratégias para minimizá-las permitiu que as atividades realizadas fossem vistas pelos próprios alunos sob diversas perspectivas e que a complexidade de suas habilidades e identidades fossem reconhecidas. Sentiram que suas vozes foram ouvidas e puderam ser veiculadas por meios de comunicação escritos, orais, visuais, tecnológicos ou dramáticos, os quais incorporam uma mistura de estilos (HARGREAVES, 2002). Eles mesmos fizeram referência a essa forma de avaliação como possibilidade de descobertas inesperadas, interessantes e promissoras, justificando espontaneamente o trabalho, inclusive, em momentos informais.

O portfólio como componente do contrato pedagógico

Acordar com os estudantes a inclusão do portfólio no contrato pedagógico (SCHÖN, 2000; PERRENOUD, 2002; VILLAS BOAS, 2004) possibilitou inicialmente que os estudantes mobilizassem internamente seus pensamentos para, *a posteriori*, aceitarem a formulação de um modo alternativo de avaliação pautado no seu desenvolvimento metacognitivo.

Nesse sentido, logo no início do semestre foram elaboradas questões de referência:

- O registro como aspecto relevante de toda ação discente.
- A possibilidade de amostragem das produções em diferentes formas.

---

21. Os estudantes podem passar superficialmente pelas atividades, comprometendo a qualidade de suas aprendizagens (CHAMBERS, apud ALARCÃO, 2001: 112).

- A valorização das múltiplas linguagens, além da científica.
- A inserção de material representativo de situações vividas fora da sala de aula, que complementasse as atividades destacadas no portfólio.
- O procedimento de leitura, escrita, pesquisa envolvendo estratégias de revisão e reflexão sobre as atividades.
- Registros em diferentes *designs*, representando o processo criativo vivido pelos estudantes.
- O diálogo constante e permanente entre o professor e o aluno.

A entrega das atividades era datada (registro feito na ficha cumulativa) e analisada junto com cada aluno. Buscou-se, de certa forma, resgatar ou reforçar as competências vislumbradas durante o processo de aprendizagem. Essas *paradas* para troca entre colegas e entre professor/aluno formalizavam as análises em produções textuais que atuaram como balizas do processo cognitivo em andamento. Tornaram-se, assim, atividades metacognitivas que serviram para que os estudantes tomassem distância em relação aos conteúdos estudados e se conscientizassem da sua maneira de aprender a aprender e do seu papel no êxito das suas aprendizagens (HADJI, 2001).

As competências, conforme Perrenoud (1999a), referem-se a um conjunto de disposições e esquemas mobilizadores de conhecimentos numa determinada situação e, nesse caso, é fundamental que o aluno tenha a oportunidade de, junto com o professor, analisar as soluções encontradas para a resolução das atividades propostas, vividas durante o curso, agora apresentadas em forma de relatos, comentários e reflexões.

Para incentivar os alunos a participarem dessa nova maneira de registrarem suas produções e acompanharem sua construção do conhecimento, algumas leituras sobre o assunto, em textos complementares, foram preparadas pela pesquisadora objetivando destacar o embasamento teórico da proposta e o conhecimento de outras vivências, o que, de certa forma, ajudou a dissipar certo estranhamento por parte de alguns estudantes que demonstravam não compreender o sentido da proposta. Essa atitude de estranhamento, em relação aos objetivos do portfólio, foi verificada em todos os semestres.

Perrenoud (1995) chama a atenção para o desafio de os alunos incorporarem uma nova forma de trabalhar e aprender, quando uma nova abordagem teórico-metodológica é introduzida, fazendo com que o ofício do aluno seja redefinido. Aponta para a necessidade de esclarecimentos sobre alguns fatores, como: o envolvimento na tarefa, a transparência dos processos, ritmos, modos de agir e pensar, a mobilização do trabalho em grupo, a tenacidade em relação a tarefas que exijam maior investimento, a solidariedade.

Todos esses aspectos foram afirmados e relembrados durante o semestre. Por isso as conversas sobre os conceitos teóricos presentes na prática desenvolvida e a marcação de encontros específicos para que os alunos trouxessem, para a sala de aula, o material coletado a ser discutido em pequenos grupos e com o professor auxiliaram a inclusão gradual dos alunos nesse novo fazer. De acordo com Schön (2000: 220): "[...] a aprendizagem de um estudante é potencializada quando ele pode falar sobre as suas confusões, descrever elementos do que já sabe ou dizer o que já produz a partir do que o instrutor diz e mostra", delineando, então, um curso que alternou momentos individuais e coletivos.

Que vantagens pode ter o uso de portfólio? Quais as evidências de aprendizagem?

Diante da memória docente exposta, é importante destacar que um portfólio não é uma coleção de trabalhos organizados numa pasta de arquivo ou numa caixa, ou em qualquer outro receptáculo escolhido pelo estudante. A ideia da sua utilização encerra objetivos ambiciosos que, uma vez alcançados, permitem enunciar diversas vantagens dos portfólios (VILLAS BOAS, 2004).

Sousa (1998) aponta os seguintes destaques:

> 1) Contribuição para o alinhamento entre o currículo, as metodologias utilizadas e a avaliação, por meio de maior coincidência das tarefas de avaliação com as de aprendizagem.

2) Diversificação dos processos e objetos de avaliação, nomeadamente, por meio da contextualização, ou seja, de uma maior ligação da avaliação à situação em que se desenvolveu a aprendizagem, evitando realizá-la por meio de tarefas formais, desligadas do contexto.

3) Reflexão dos alunos acerca do seu próprio trabalho.

4) Participação ativa dos alunos no processo de avaliação.

5) Identificação dos progressos experimentados e das dificuldades mais diversas características dos estudantes, dada a natureza longitudinal dos portfólios.

6) Facilitação do processo de tomada de decisões pelos professores, em todos os níveis, porque ficam a conhecer melhor a forma como o currículo é desenvolvido e as principais características dos estudantes.

As vantagens pedagógicas destacadas são reflexos de uma prática pedagógica dialógica com ênfase no caráter positivo da avaliação capaz de desencadear oportunidades formativas. Sob essa lógica, os estudantes têm mais possibilidades de mostrar o que sabem e são capazes de fazer, o que contribui para ampliar os conhecimentos e melhorar a autoestima.

Com o uso dos portfólios na prática docente, nota-se sua colaboração para efetivação de uma avaliação diferenciada (PERRENOUD, 1999a). As diversidades instrumentais, bem como as vantagens acima listadas, tornam-se importantes para abarcar as características de aprendizagem de todos os estudantes. Nesse sentido, os diferentes recursos utilizados foram essenciais para avaliar o desenvolvimento do estudante durante o percurso do ensino e da aprendizagem, considerando as quatro dimensões do processo didático na ação docente – ensinar, aprender, pesquisar e avaliar –, levando em consideração também a relação pedagógica, as estratégias de aprendizagem e os caminhos didáticos e investigativos (VEIGA, 2004).

3
O USO DO PORTFÓLIO NA RELAÇÃO DOCENTE/ DISCENTE E A CONSTRUÇÃO DO CONHECIMENTO

Este capítulo mostra a relação pedagógica entre a docente e os discentes, destacando-se os limites e as oportunidades formativas advindas da experiência pedagógica do uso de portfólio. Apresentará como a implementação do uso do portfólio foi paulatinamente propiciando relações pedagógicas entre docente e discentes que favoreceram a reflexão sobre seus progressos a partir de constantes movimentos de registros dos avanços e das dificuldades encontradas no desenrolar das atividades. Baseados em elementos e momentos de aprendizagem que se encontram relacionados, modificando o que deveria ser mudado e mantendo o já considerado suficiente, os estudantes foram assimilando mudanças e colaborando para o desenvolvimento do programa de ensino. No decorrer do capítulo aponta-se que não foi objetivo da autora mudar a avaliação em seu *formato físico*, mas, sim, a concepção de ensino e aprendizagem que ela veicula. Assim, quanto mais os sujeitos se envolviam na proposta, mais foram capazes de organizar seus registros pessoais e maiores foram suas possibilidades de documentar seu trabalho por meio de portfólios.

3) A relação pedagógica, a elaboração de portfólio e a construção do conhecimento por meio das múltiplas linguagens

A palavra portfólio provém do latim *folium* e quer dizer folha, folhagem. Em intertextualidade, no contexto desta pesquisa, representa um porta-folhagem de poesias, músicas, recortes, colagens, ensaios, artigos, palavras soltas, palavras analisadas, projetos, de fotonovelas, *clips*, maquetes, e de representações diversas. Uma coleção de folhagens guardadas, que representariam um passado presente, memória do vivido – folhagens, costuras, bololôs[1] de sentidos e significados –, expressões estudantis impressas em diversos trabalhos, exigindo cuidadoso planejamento para escolha do que postar nas *pastas-fólios* que fosse capaz de provar as competências e/ou habilidades indicadas no início do curso e as conquistas humanas adquiridas na/pela experiência do curso.

Neste capítulo, apresentar-se-á a implementação do uso do portfólio como uma relevante proposta metodológica de ruptura com o modelo técnico e quantitativo de avaliação para um enfoque formativo como descrito pelos estudantes Jorge e Marcela.

> O portfólio pretende fazer um resgate do que aconteceu em sala de aula durante as atividades propostas. Discorre sobre a didática da professora, a nossa participação e as questões que mais deixaram dúvidas e criaram movimentos nos nossos pensamentos. Norteamos sua criação a partir desses movimentos. Foi aí que planejamos escrevê-lo em cima de questões que surgiram durante o curso e que se encontram aqui em forma de discussões ou ensaios. Nosso objetivo não é responder as perguntas, mas, sim, dialogar com elas. Tentamos dar liberdade para as reflexões, construindo o portfólio dentro do nosso tempo, respeitando am-

---

1. Bololô foi o título de um portfólio, no intuito de definir as confusões que a estudante sentiu ao experienciar essa *nova* relação pedagógica e uma diferente perspectiva avaliativa, ainda não vivida por ela na universidade.

bas as vontades. Buscamos concretizar um processo agradável e, para isso, utilizamos algumas ilustrações que colorem um desfecho para nosso trabalho. A infância aparece com um ponto de convergência que nos ajuda a encontrar respostas para inquietações que a dúvida cria, daí alguns desenhos feitos por crianças no corpo do texto. Fazemos um retrospecto dos trabalhos que mais chamaram nossa atenção dentro de uma relação com o ser criança e com nossas críticas a respeito do que vivemos durante o período letivo. Mesmo que de forma indireta, todos os trabalhos foram relacionados.

O conhecimento era buscado em fontes diversas, tendo os sujeitos do processo (docente e discentes) espaços significativos, uma vez que os *feedbacks* eram responsabilidade de todos. Dito de outra forma, o conhecimento transita em várias direções, e os colegas passam a ter um papel significativo, visto que também oferecem *feedbacks* em trocas de opiniões. Os *processo-fólios/portfólios* apresentaram, cada um, a sua originalidade, pois eram de exclusiva responsabilidade dos alunos sua composição e produção, mas sempre dialogadas entre professor/aluno/outros. Assim, tentou-se remarcar a ligação da avaliação com a importância de relações interativas, de trocas e negociações entre os sujeitos envolvidos com um determinado objeto (HADJI, 2001).

No final, tudo parece ter sido fundamental: portfólio tão perfeitamente arquitetado esteticamente em si, que aos que veem apenas a *belezura* externa podem dizer: A professora foi aliciada pela beleza, pelos adereços, pelas plumas, pelos paetês... mas, a estética que chamava atenção visualmente, à primeira vista, também pôde ser confirmada pelo conteúdo presente em seu interior. Nesse aspecto, foi preciso tempo para ver e enxergar os aprendizados dos estudantes ali revelados, por eles mesmos – seu processo de aprender aprendendo sobre si mesmo – ao longo da disciplina.

Os estudantes foram convidados a participar. Alguns deles reproduziram, como exemplo, por meio das "memórias dos estudantes", elaboradas mediante suas observações, análises e autoavaliações. Nesse sentido, a experiência constitui-se centrada nas alterações da relação pedagógica (DALBEN, 1998), vislumbrando a emancipação do sujeito (FREIRE, 1987; 1999).

A proposta revelou que os sujeitos da aprendizagem estavam abertos para que diferentes linguagens fossem colocadas em questão e experenciadas e isso foi possibilitando que registros muito criativos como o exemplo da tessitura do texto intitulado terapia da *didático-observacional* viessem à tona.

> **Terapia da didático-observacional:** Esta terapia irá te fazer exercitar os músculos ópticos, podendo causar fadiga (tremores nos músculos dos olhos), pois você poderá olhar, olhar, olhar e... olhar. Tente observar o máximo que puder, mas tente não ficar angustiado porque não está conseguindo relatar tudo o que vê. Isso é normal, pois nenhum ser humano tem visão biônica. Outro músculo que você exercitará com fervor são os músculos pronadores e extensores da mão, causando fortes dores.
>
> **Didático-terapêutica:** A *didático-terapêutica* é uma terapia que te fará exercitar incessantemente a bainha de mielina dos seus neurônios, a sua sensibilidade, criatividade, observação e suas experiências. Porém, ela poderá te fazer relaxar com música, filmes, bate-papos, aulas expositivas, discussões etc. Cuidado! Quem faz uso da *didático-terapia* excessivamente poderá se tornar um *didático-dependente* e até mesmo desenvolver resistência a esta droga, além de aparecerem alguns efeitos colaterais. Experimente, que você nunca mais irá resistir aos efeitos causados por essa droga!
>
> **Nome genérico:** *didaticofenase.*
>
> **Nome comercial:** *didaticlofenaco, didaticol, didaticocetamol, didatocopostrol, portfoliol.*
>
> **Efeitos colaterais:** cansaço, sonolência, fadiga, dores pelo corpo principalmente na região dos glúteos por ter que ficar tanto tempo sentado e propensão à dependência psíquica.
>
> **Indicação:** pacientes que sofrem de insuficiência da substância didática, pacientes *didacodependentes*, infectados pelo vírus da didática. Pacientes que estiverem com a corda no pescoço em relação a faltas e trabalhos não realizados também deverão fazer uso dessa terapêutica.
>
> **Contraindicação ou limitações de uso:** Evitar ingestão de didática no período de TPM, pois, durante essa fase, pode haver

insanidade e irritabilidade. Para pacientes que são irresponsáveis e que perdem a hora de tomar a terapia poderá acarretar grande preocupação durante alguns meses.

Posologia: tomar dois dias por semana durante aproximadamente duas horas (Portfólio intitulado *didaticoclofenaco de sódio* ®, da estudante Tathiane, do curso de enfermagem).

No caso deste registro supracitado a estudante usou termos próprios da sua formação específica – o curso de enfermagem – realizando uma metáfora à ação de observar uma aula, qual seja: e*sta terapia irá te fazer exercitar os músculos ópticos, podendo causar fadiga (tremores nos músculos dos olhos), pois você poderá olhar, olhar, olhar e... olhar.* Destarte, esta aluna mostrou sua capacidade criadora. Por meio de uma ação de observar, vários formatos de registros foram elaborados, e os produtos do curso (as avaliações) acabaram por refletir o processo experienciado de múltiplas formas de escrever para transmitir a mensagem. Outro exemplo está presente no poema abaixo

> Sondagem didática
> Primeiro dia de aula,
> Rostos diferentes, cursos diferentes,
> Professora diferente?
> Tudo novo,
> e pela primeira vez nos pergunta:
> O que sabemos? O que trazemos?
> O nosso sentimento
> era em algum momento
> Tudo seria inusitado...
> (Portfólio de Ana Carolina).

O relatório da aula 1, sua releitura como *terapia da didático-observacional* e o excerto poético de Ana Carolina desencadeiam uma *terceira questão*: a aula se tornou cenário para que se instaurassem as motivações para a elaboração de produtos avaliativos diferentes – acolhendo as diversas linguagens/gêneros literários.

Uma *quarta questão* é que a avaliação concretizava-se no momento em que docente e discentes direcionaram-se para o desempenho da ação (no caso em questão uma ação de observar a aula) e para questões metacognitivas. Nesse sentido, os sujeitos de aprendizagem se envolvem o suficiente – desde o início da tomada dos dados, seu processo analítico, até que produtos finais fossem alcançados. Ricos resultados foram se revelando e possibilidades formativas anunciadas.

Após o convite ter sido aceito, seus talentos e habilidades compuseram a cena da sala de aula revelando as diferentes facetas do conhecimento. Os portfólios revelaram artistas plásticos, escritores, músicos, poetas etc. e apresentaram as suas reflexões, impressões sobre a disciplina, opiniões, dificuldades, dúvidas ou qualquer outro material de interesse, pois: "*qualquer que seja a linguagem que venhamos a empregar, nossas descrições do ato de conhecer-na-ação são sempre construções*" (SCHÖN, 2000: 31). Facilmente se reconhece que as ações implementadas também produziram o desenvolvimento de diferentes capacidades – planificar, pensar criticamente, reformular, avaliar, reinventar, arriscar, aceitar o erro, aprender a aceitar críticas, aprender com o sucesso, persistir e inovar –, que são fundamentais para que a formação do ser humano e do futuro docente, no sentido de formar-se a si próprio e ser referência para as crianças, jovens e adultos como cidadãos livres, responsáveis e confiantes em si, sendo a universidade compreendida como mais um tempo de vivência humana. Assim, a nova relação pedagógica estabelecida foi movendo os estudantes e docente no sentido de estreitarem seus laços. Laços esses que foram sendo construídos por meio de diferentes movimentos e momentos para identificações mútuas. Praticou-se uma saída da relação pedagógica convencional para dizer o mais importante: *quem somos nós* e *o que queremos, somos sujeitos dessa cena acadêmica*. Sensibilidades foram trabalhadas. Exercitou-se uma exposição pública das diferenças e, com isso, perenizaram-se os momentos (por meio das fotos e dos diferentes registros) que ficaram marcados por meio do *jogo pedagógico* que provocou a interação da razão com a sensibilidade.

A diferença foi colocada, experienciada, e, por que não dizer, aprovada, conforme registros expressos nos exemplos vivenciados da dinâmica por meio da dinâmica do olhar, do bicho, das diferentes linguagens, conforme registros escritos e fotográficos dos próprios estudantes, presentes em seus portfólios.

As dinâmicas de aprendizagem

Para discussões dos diferentes assuntos da didática realizaram-se dinâmicas de aprendizagens. Para discutir sobre as concepções de avaliação – formativa e classificatória (SOARES, 2002; DALBEN, 1998; ESTEBAN, 2000; 2001; HADJI, 2001) – usou-se duas dinâmicas: a do olhar[2], e das diferentes linguagens. O objetivo principal foi discutir que *transmitir* e *produzir* significados são resultados possíveis, às vezes antagônicos, do ato de interpretar (DEWEY, 1974a).

Dinâmica do olhar

Alguns estudantes descreveram como essas experiências aconteceram.

Dinâmica do olhar

Nessa dinâmica a professora pediu que quatro alunos saíssem da sala. Sobre uma mesa foram colocados alguns objetos. A professora nos pediu que observássemos e escrevêssemos uma descrição da disposição dos objetos na mesa. Feito isto, os objetos são retirados da mesa e os alunos ausentes são chamados para tentar recolocar os objetos na disposição original, a partir da leitura de algumas descrições de estudantes que haviam ficado em sala.

A minha descrição: Na mesa há sete objetos: uma chave, duas canetas, um batom, um apagador, um celular e um porta-cartões. A disposição dos objetos na mesa, do ponto de vista de quem está no lado da mesa que não possui uma barra frontal inferior, ou seja, dos alunos, é a seguinte:

---

2. Esta dinâmica foi aprendida com Ângela Dalben em Curso de Formação para Professores de 3º ciclo da rede municipal de ensino, no município de Belo Horizonte, em 1997.

- as chaves estão no canto frontal esquerdo;
- as canetas, juntas, à frente e um pouco à esquerda do meio. Uma está em cima da outra formando um ângulo de 90 graus. Uma aponta para você e a outra para as chaves;
- o batom está em pé, atrás da caneta de baixo;
- o apagador está no canto posterior esquerdo, em pé, com a parte que apaga apontando para o canto frontal direito;
- o celular está deitado na parte posterior, um pouco à direita do meio, com o teclado voltado para baixo e com a antena apontando para o quadro;
- o porta-cartões está à direita e ao meio da parte lateral direita.

Pedi para ler a minha descrição. Era importante que enunciasse apenas o que havia escrito. A colega que ouvia o que eu lia colocou os objetos mais ou menos como está representado na figura ao lado:

(*Vasofólio* de Evandro)

Releitura por outro aluno

A dinâmica de olhar parte de dentro; o meu olhar sobre o outro deve atingir o seu interior – processo de avaliação pelo humano. Olhar atencioso, etnográfico, que não tire conclusões antecipadas. Só construo meu referencial a partir daquilo que o outro me traz, mas é importante estar também atento ao que ele não revela, mas que é importante e se reflete nas atitudes, na sua percepção. O conhecimento é uma busca constante, portanto incompleto, contingente, incerto, mais, muito mais profundo e rico que possamos imaginar (Portfólio de João Alves).

A dinâmica do olhar em fotografia

Figura 1 Esse dia foi legal, a professora fez a dinâmica do olhar e noutro dia a dinâmica do bicho.
Portfoto[3] de Bruno Aguiar.

Vivência da utilização de diferentes linguagens em sala de aula, sob descrição dos estudantes

> Na aula de hoje a professora exibiu um filme de uma forma diferente. A TV foi tapada com um papel e nós apenas ouvíamos o som. Isso parece ter despertado na turma alguma curiosidade. A turma foi dividida em grupos. O grupo já estava no turbilhão de ideias quando eu cheguei. Joguei uma ideia pra ver se germinava. A minha ideia era colocar a turma andando de olhos fechados pela sala e, enquanto isso, nós iríamos ficar aguçando os outros sentidos. Estávamos em dúvida se fazíamos algo todos num só grupo ou se nos dividíamos. Acabou que formamos dois grupos de quatro pessoas (grupo 1 e grupo 2). Decidimos também dividir a turma no centro da sala, em dois grandes grupos, conforme a figura:

---

3. O portfoto do estudante B.A. será analisado no próximo capítulo.

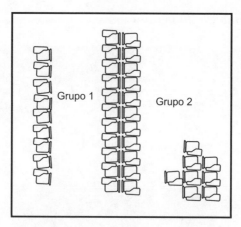

Cada grupo deveria realizar um tipo de ação física de acordo com um tipo de linguagem.

Grupo 1 (mais musical, auditiva), grupo 2 (mais corporal, visual). Um lado da plateia deveria fechar os olhos para que o sentido da audição fosse sensibilizada pelo grupo 1, enquanto o outro lado, de olhos abertos, assistia à performance corporal do grupo 2. Quando o Leonardo gritasse, a gente trocava de lado. Após a troca, quem estava com os olhos fechados abria-os, e quem estava com os olhos abertos fechava-os.

Conclusão:

Quando falamos, será que tudo fica claro para quem está nos ouvindo? Muitos professores acreditam que sim e acabam avaliando mal seus alunos. O que essas dinâmicas demonstram é que, por mais que a gente se esforce para transmitir um conhecimento de forma clara e precisa, ele nunca é interpretado do jeito que a gente quer. Uma descrição simplista demais compromete o entendimento por falta de informações. E uma descrição mais detalhista e múltipla também dificulta a compreensão do todo por ser mais complexa.

Na dinâmica do olhar eu percebi a importância de explicitar o meu ponto de vista para que a colega tivesse uma referência comum com a minha. Porém, eu optei por ser mais detalhista, utilizando termos complexos como *frontal* e *posterior* e isso comprometeu o entendimento. Mas não de todo, pois alguma coisa ela entendeu (as chaves, as canetas e o batom).

Pude aprender com a dinâmica que para se transmitir bem um conhecimento, há que se achar um meio-termo entre o simples e o complexo, e é preciso encontrar um referencial comum entre o olhar do professor e o olhar do aluno (Portfólio de Evandro).

A dinâmica das diferentes linguagens retratada por meio de fotografias

Figura 2 A professora colocou um vídeo e cobriu a tela da TV.
Só ouvimos o vídeo, depois a turma foi separada em grupos.
Portfoto de Bruno Aguiar.

Figura 3 Este era o meu grupo.
Tínhamos que fazer um desenho de como imaginávamos o vídeo.
Portfoto de Bruno Aguiar.

Figura 4 Este era outro grupo da mesma dinâmica.
Eles fizeram uma representação teatral que, por sinal, ficou muito boa.
Portfoto de Bruno Aguiar.

Figura 5 Este grupo apresentou um poema sobre o vídeo.
Portfoto de Bruno Aguiar.

A produção dos estudantes após vivenciar as duas dinâmicas descritas por meio de uma narrativa e das fotos foi capaz de provocar sensações e tensões que estão presentes no antagonismo acima referido – que se faz sentir na sala de aula em que a *transmissão de conhecimentos* geralmente ocupa lugar central (numa relação pedagógica tradicional), seja numa aula expositiva ou numa prova e/ou na *produção* de novos saberes (visão dialógica).

Num diálogo permanente, a dinâmica do olhar e a dinâmica das diferentes linguagens foi usada por docente e discente como procedimento metodológico capaz de potencializar a relação pedagógica e a relação com o conhecimento naquele momento em foco.

> Para mim, os momentos mais significativos foram aqueles em que a prática corroborava e/ou consolidava a teoria, sobretudo no que tange às inúmeras possibilidades de intervenção/ação dos alunos. Fazer a dinâmica do bicho, a dinâmica das diferentes linguagens, a dinâmica do olhar, para mim, foram experiências incríveis. Senti-me aprendendo de uma forma bastante inusitada, diferente do clássico/tradicional (Portfólio de Tathiane).

A fala dos estudantes, após leitura indicada de textos teóricos numa interlocução com a experiência vivida, deixa uma observação educativa importante sobre a aula: mesmo numa transmissão cuidadosa inexistem garantias da compreensão tal qual a mensagem enviada.

> O fundamental na linguagem não é a expressão de algo antecedente, muito menos a expressão do pensamento antecedente. É a comunicação, o estabelecimento de cooperação em uma atividade na qual há parceiros e na qual a atividade de cada um é modificada e regulada na relação de parceria. Não conseguir entender é não conseguir alcançar o acordo quanto à ação; equivocar-se é estabelecer a ação com objetivos divergentes (DEWEY, 1974a: 195).

Resultados de provas podem ser tomados como ilustração do que Dewey (1974a) apresenta: nas provas, às vezes, com equívocos técnicos, os professores estão sempre esperando uma dada resposta. Se essa aparece de forma diferente da prevista, pode não ser considerada. Sem contar que essas provas podem incorrer em erros nos instrumentos e/ou perguntas mal-elaboradas que dificultam a percepção dos conhecimentos que o aluno deve operar, quando isso é possível. Refletiu-se também que as notas podem fornecer uma medida imprecisa a respeito do desempenho do aluno, não focalizando os objetivos mais importantes do que se pretende da ação intencional avaliar e ainda podendo falhar como meio de comunicação entre o *examinante* e o *examinado*.

Nesse sentido, conclui-se que era preciso fazer uma análise mais profunda e verificar como essa nota está sendo fundamentada, por intermédio de quais objetivos, critérios e intencionalidades do(a) avaliador(a) (BARRIGA, 2000). Compactuando com os argumentos de Dalben (1998: 51) ao se referir ao uso de notas,

> [...] representam a expressão simbólica desses processos. Traduzem, na verdade, as *suposições* sobre o desempenho dos alunos, não representando concretamente a performance deles ou as suas aquisições reais. Tais artifícios, usualmente aceitos como legítimos pela comunidade escolar, constituem-se numa representação simbólica de dispersões de desempenho, situando os alunos diante de uma norma de excelência vagamente configurada. É possível dizer, dessa maneira, que toda avaliação, mesmo aquela revestida de rigor metodológico, é arbitrária, porque parte de normas de excelência construídas a partir do currículo oculto, resultante das relações sociais.

Para Dalben (1998), um *erro de avaliação* significa um desvio na expressão de um juízo sobre algo ou sobre alguém, pontuando que o processo se constrói numa relação em que se confrontam dois referenciais mediados por um processo de análise: um considerado norma de excelência ou ideal, e, outro, *tomado e reconhecido pelo próprio avaliador* como sendo o real em relação ao próprio objeto a ser avaliado.

> Esse processo de análise se dá por comparação e inter-relação e o erro acontece quando o avaliador, ao tomar o real e **reconhecê-lo**, não percebe ou não admite que existam inúmeras formas para a configuração deste real. Não tem consciência, inclusive, da produção de desvios no decorrer da série de seleções e escolhas que se desencadearam antes mesmo do momento estanque e restrito da avaliação formal (DALBEN, 1998: 52).

Como apresentado, o resultado final de uma prova pode ser a representação de uma avaliação mediada por *erros* e *desvios* situacionais transformando-se em *conhecimento* real, verdadeiro, pronto e acabado, tornando-se o veredicto final. Nesse sentido, os resultados de processos avaliativos expressos em *notas* evocam questionamentos. Se a avaliação se processa na própria relação do(a) avaliador(a) com a realidade, o resultado da avaliação também acaba por tornar evidentes o *fracasso* da ação pedagógica do docente.

A avaliação não deve servir para julgar ou para provar quais são os melhores alunos ou quem aprendeu o quê ou, como disse o estudante Áureo, para comprovar quem são os *"incontestes repetidores"*. Deve, sim, estar a serviço da ação em processo (SCHÖN, 2000), reorganizando o planejamento e os procedimentos necessários à aprendizagem, construindo o seu *"referencial a partir daquilo que o outro me traz e estando também atento ao que ele não revela que é importante e que se reflete nas atitudes, na sua percepção. O conhecimento é uma busca constante; portanto, incompleto, contingente, incerto, mas muito mais profundo e rico que possamos imaginar",* disse o estudante João no excerto supracitado.

Destarte, deve-se romper com *a* avaliação – como o tão comum: ter *três provas de 33 pontos (estudante A)* – para a efetivação de um *menu* de avaliações capazes de anunciar o percurso feito pelo estudante ao se dispor a aprender.

A dinâmica do bicho – Que bicho é esse?

Para iniciar a discussão sobre o enfoque globalizador usou-se como estratégia de mobilização a solicitação do conhecimento prévio dos estudantes sobre o enfoque globalizador e, em seguida, a da dinâmica do bicho como relatado (de forma teatral) pela estudante G (Graziela):

> *Do encontro com o terrível sapo-agulha e os enigmas da globalização do ensino ou o enfoque globalizador, o pensamento complexo e dinâmica do bicho.*

> Que cara tem aquilo que mais teme? Como é seu bicho-papão? Enfrente-o!!!

> Decifra-me ou te devoro. Seria um encontro mortal com a Esfinge? Não. Trata-se, na verdade, de mais uma dinâmica de aula.

Cada um recebera uma folha em branco e, com extrema habilidade, deveriam dobrá-la ao meio. Até aí tudo bem, mas o que viria depois? Cada um deveria conceituar o que entendia por GLOBALIZAÇÃO DO CONHECIMENTO. Eis aí que encontramos mais uma vez nossa estimada G. Lembra-se dela? Quem esqueceria? Vamos conferir o seu pensamento: *Pensei dividir a palavra. Por globalização entendo um intercâmbio econômico e cultural entre diversos países, devido à informatização, ao desenvolvimento dos meios de comunicação e do transporte; conhecimento, cognição, percepção. Que me levou a definir como princípios ou bases do saber que poderiam ser utilizados por qualquer cultura, de qualquer lugar no mundo; ou, um sistema padrão de ensino.* Mas e os problemas que a globalização do conhecimento implicaria, como fim da diversidade, e a soberania de um único saber, provavelmente estimulados por uma única potência? Discussões surgiram, dúvidas proliferaram. Por que defender esses princípios? Isto seria sanado mais tarde. Era preciso voltar à dinâmica. Na outra metade da folha todos os dotes artísticos de nossos dublês de heróis seriam colocados à prova. A partir de alguns indicadores, deveriam descobrir e *desenhar* de que bicho Ambrósio falava. Eis as dicas:

1) alimenta-se de seres microscópicos;

2) pesa menos que um palito de fósforo;

3) são necessários milhares para encher uma folha de papel ofício;

4) foi descoberto pelos biólogos na década de 1970;

5) vive em lugares úmidos;

6) é vertebrado;

7) as pessoas têm repulsa.

Meu Deus, de que besta estamos falando? Calma, não é nenhum monstro, afinal, é tão pequeninho. Mas se for uma bactéria ou vírus contagioso? Só que não é um vertebrado? Resquícios de biologia diziam para G que não se tratava de nenhum ácaro, inseto ou qualquer artrópode se assim preferirem, pois, pelo amor de Darwin, eles não têm coluna!!! A resposta ainda não se formava. Quando uma hipótese surgia, a dica seguinte colocava tudo a perder. Era preciso *afunilar* o pensamento, segundo G: Bem, é vertebrado, portanto deve ser de peixe *para cima* (na escala evolutiva): se vive em lugares úmidos, seria um anfíbio? G não conseguiria imaginar nada menor que um saleiro, até que... *Eureka*!!! Será um girino? Um rápido *flashback* surge, quando, numa apresentação sobre seres vivos na oitava série, uma colega apresentava para G dentro de um vidro de maionese um pequeno, muito pequeno, minúsculo SAPO!!! Justo o ser de que G mais tem pânico e exigia daquele tamanho? Até que aquele não era tão asqueroso. Espera aí. Bicho que G tem pânico, animal que as pessoas têm repulsa, vertebrado, lugar úmido, pequeno... Uau! Como se consegue guardar na cabeça! Só podia ser esse sapo. Com extrema habilidade G termina um... bem..., podemos dizer, representativo esboço do animal. Mostramos a seguir o esboço do esboço, feito pela própria G.

O desenho original. Lindo não? Pelo menos para um sapo!!

Fragmento do conceito de Ensino Globalizador, encontrado entre os pertences de G.

Figura 6 Desenho do sapo-pulga e fragmento do conceito de Ensino Globalizador encontrado entre os pertences de G, em 30/06/2004.
Fonte: Portfólio da estudante Graziella, intitulado: *Da história de G em Didática ou Portfólio*.

Uma segunda versão da dinâmica do bicho

A professora, sem nos mostrar desenho algum, ditou algumas características de um bicho[4] que cada um de nós teria que desenhar em uma folha de papel em branco.

Ao final da dinâmica, verificou-se que os desenhos eram totalmente distintos uns dos outros. As características ditadas pela professora foram estas:

- 85cm de comprimento;
- 50cm de cauda;
- 11 a 13 cintas;
- dentes pequenos;
- alimenta-se de insetos;
- espécie em extinção;
- possui uma carne saborosa (*Cdfólio* de Alisson).

Na dinâmica do bicho, a professora falou 11 características de um bicho e pediu para que desenhássemos esse bicho de acordo com essas características. Eu cheguei atrasado e acabei não desenhando esse bicho. Mas pude perceber que os bichos saíram diferentes, pois a representação do bicho passa pelo conhecimento que cada um tem de coisas que estão na sua realidade; de acordo com o conhecimento de mundo de cada um. Como aquele conhecimento acerca do bicho foi fragmentado, foi difícil chegar à compreensão do todo. Fica aí a lição: Não adianta o professor achar que os alunos chegarão à compreensão do todo apenas pela fragmentação do conhecimento, pois me parece que há mais mistérios entre o falar e o entender do que imagina nossa vã metodologia. Pra não dizer que não falei dos bichos, desenhei este que representa um pouco a minha visão da profissão do professor.

---

4. Foram descritas características de um tamanduá-bandeira.

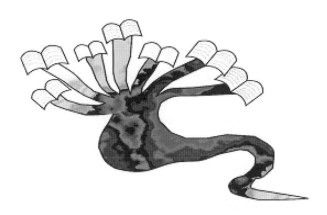

Fonte: *Vasofólio* de Evandro.

A dinâmica do bicho deixou transparecer um desconforto, um desconcerto nos estudantes. Eles queriam acertar, mas com exceção da G e mais três, saiu de tudo: ponto, círculo, bactéria, menos o sapo-pulga. Os *erros* provocam várias questões: seriam necessárias mais dicas? E quem nunca tinha ouvido falar do sapo-pulga saberia defini-lo após as instruções? Havia uma descrição suficiente para desencadear o desenho do bicho? Por que as dicas dadas não foram necessárias para a conclusão de todos, resultando em tantas diferentes representações? E o que isso tem a ver com a relação com conhecimento que os professores experimentam ao dar suas aulas?

Essa dinâmica não passava de mais um ato estratégico para introduzir o assunto *enfoque globalizador*, tendo como referência Zabala (1998; 2002). Além da dificuldade em desenhar o bicho, também se constatou insegurança nos estudantes na definição de enfoque globalizador, como descrito por G – confusão entre globalização do conhecimento e da economia. Feitas as devidas comparações e com enfoque nos conceitos trazidos pelos assuntos, destacou-se que métodos globalizados de ensino são assim definidos pelo fato de que os conteúdos de aprendizagem não se apresentam a partir de estrutura de nenhuma disciplina (como as dicas e informação globais para representação da imagem do sapo-pulga), no contraponto ao sistema tradicional multidisciplinar (matérias independentes umas das outras). É de um caráter global da organização dos conteúdos e das demais variáveis metodologias com intuito de romper a estrutura parcializada do ensino em cadeiras, criando para isso um meio em que o aluno possa conhecer, responder e interagir com a realidade complexa.

> A dúvida, sim, é uma constante nesta complexa realidade. Mas esse foi apenas um primeiro contato com o enfoque globalizador de Antoni Zabala, e por enquanto todos os nossos estudantes estão liberados de qualquer avaliação, pelo menos a tradicional. Oh! E aquela não é G indo para a política? Até o próximo encontro de didática (Cestafólio da estudante Graziela, intitulado: "Da história de G em Didática ou Portfólio").

Dessa forma, por meio dos diferentes registros tomados dos estudantes, evocados neste texto até então, viu-se que os sujeitos exprimiram sua estima e consideração ao processo vivido; no entanto, se consegue reconhecê-las, a academia tende a ignorá-las e, tradicionalmente, a relação pedagógica, tal como geralmente se pratica, impede que os estudantes julguem, pensem e reflitam acerca do seu próprio trabalho (CHAVES, 2004; CUNHA, 2004). A avaliação acaba aparecendo como ponto nodal nas questões que envolvem uma relação de ensino e de aprendizagem. Basta pensar na natureza de muitas questões incluídas nos testes, no pouco tempo que os alunos têm para pensar nas questões que lhes são colocadas e na ênfase dada aos conhecimentos objetivos.

Aceitação

O que aprendi e fiz não tem preço

Não saio do curso do mesmo jeito que entrei, houve uma transformação. Não sou como a maioria no Icex, céticos em relação a coisas novas, mas também não sou adepto de primeira mão.

Tudo começou a se modificar quando passei a acreditar na proposta. O fator preponderante foram as dinâmicas de criação. Nós no Icex somos incontestes repetidores. Entre nós, os melhores são aqueles que melhor reproduzem em três provas de 33 pontos. Então, quando encontrei a oportunidade de criar, de errar, de discutir o erro e não ser punido imediatamente, pude encontrar partes em mim que estavam muito escondidas. A partir daí é que fui entender a essência do curso, onde obtive inspirações para produzir mais. Aprendi e tive uma confirmação de que o professor tem que acreditar independentemente das circunstâncias e não indiferente a elas. Quanto à nota? O que aprendi e que fiz não tem preço! Quer pagar quanto? (Autoavaliação presente no cartazfólio de Áureo, estudante de matemática.)

Esta disciplina foi a que mais gostei em minha passagem até agora pela faculdade. Foi onde me senti mais à vontade para participar, discutir e contribuir com a minha experiência. Voltei a acreditar em mim mesma, descobri como é bom ser diferente. Até então a faculdade não havia me dado esta oportunidade. Tenho a clara sensação que emburreci depois que iniciei o curso de ciências sociais. Perdi minha criatividade e entusiasmo. Literalmente, adoeci. Perco um pouco da minha história no momento em que entro em uma sala de aula; não sou mais a Marina, sou mais uma aluna. Os professores não fazem questão nem de perguntar o meu nome, não faz diferença ali. É por isso que esta minha passagem pela FaE é tão especial para mim (Autoavaliação da estudante Marina em seu cadernofólio, curso: Ciências Sociais).

Como apontado pelos estudantes Áureo e Marina, a relação educativa pedagógica vivenciada por eles em outra unidade de ensino surge como algo externo, que aparece de fora e, geralmente, não é considerada uma responsabilidade pessoal do estudante. O que parece contar não são as intuições, as experiências e os conhecimentos que os estudantes detêm, mas antes o seu desempenho no limitado rol de questões apresentadas por meio de provas. Marina e Áureo são considerados em suas unidades de ensino apenas pessoas e não sujeitos? Por isso, queixam-se da perda da criatividade, do entusiasmo e de uma relação de ensino desconectada de suas histórias pessoais? Numa relação pedagógica que leva ao adoecimento humano e perda de si, a certeza pedagógica não deixa espaço para indagações, intuições, para a experiência do conhecimento por meio da diferença e da diversidade. Nesse contexto, normalmente não há lugar para reflexões e, consequentemente, para reformulações. O primeiro trabalho que se faz é, em geral, considerado final, definitivo.

As autoavaliações, além da denúncia, descortinam o envolvimento dos alunos com a disciplina ministrada, sua aceitação (definição do estudante Sidney), indagações (*um delicioso bololô*), nos dizeres de Cecília, desencadeando transformações em suas concepções e nas formas de agir e, ainda, um processo de formação mais humano, segundo percepções dos próprios estudantes.

> Comecei então a realmente assimilar esses novos conceitos. Não havia como não deixar que produzissem uma visão, mesmo que ainda tímida, para ousar. Tinha a criatividade comprometida. Voava baixo. Estava em fase de aceitação (Autoavaliação de Sidney).

> O que dizer? Senão uma verdadeira caixa de costura e delicioso bololô (Autoavaliação de Cecília).

> Quando saí da primeira aula... xinguei a professora o tempo todo, da escola à minha casa. Não acredito que aquela professora que parece que acredita em Papai Noel vai dar nove tarefas, cinco das quais em grupo? É de matar! Pensei em trancar matrícula, mas iria atrapalhar o meu currículo e minha previsão de formatura. Pensei em não participar, ficar presente só de corpo, alma longe... mas... (Portfólio de Gisele).

As vozes destes estudantes dão relevância ao processo de caos que sempre acompanha o processo de conhecimento: ação/desorganização/ação (MORIN, 2001, MORIN & LEMOIGNE, 2000), que se caracteriza pela (des-)construção/construção, (des-)continuidade/continuidade, seguida de aprendizagens. Desse ponto de vista, o rol de ações expressas provocaram ansiedade, descontentamento, aflição, dor, desconfiança, discordância, e muito estranhamento. Como aprender diante desse formato pouco usual, questionavam os estudantes. Como dar conta dessa *caixa de costura*, deste *bololô*, indagava Cecília. Como agregar minhas ideias às dos meus colegas, apontou Gisele, diante da perspectiva de realização daqueles trabalhos múltiplos, diferentes, individuais e coletivos. De acordo com Schön (2000: 220) se aprende diante das confusões.

> Naturalmente nem todo o conhecimento-na-ação pode ser descrito verbalmente, nem é sempre útil tentar. Contudo, a aprendi-

zagem de um estudante é potencializada quando ele pode falar sobre as suas confusões, descrever elementos do que já sabe ou dizer o que já produz a partir do que o instrutor diz e mostra [...].

Compreende-se, à luz das ideias trazidas por Schön (2000), que a discussão dos estudantes sobre o curso e sua inclusão no mesmo revelava-se um grande desafio: sentimentos foram mobilizados, posturas questionadas e a problematização instaurada. E esse conhecimento-na-ação foi capaz de instaurar oportunidades formativas nos sujeitos aprendentes.

> Qual não foi a minha surpresa e o meu encanto em descobrir na sala, naqueles colegas bem escondidos embaixo de seus rótulos de "fulano", "cicrano", "beltrano", tesouros preciosos, que se mostraram em conversas em grupo, em atividades prazerosas, em contatos muito esperados e extremamente agradáveis... Que prazer em descobrir que em mim mesma tinha outras possibilidades para o meu olhar, olhar riquezas a descobrir, novidades a enfrentar, pois o novo sempre dá medo. Quanto hoje agradeço ao acaso pela feliz oportunidade de cursar Didática com a Márcia, nesta turma que hoje é minha. Eles não sabem, mas mudaram coisas em mim. Isto teria bastado. Acontece que junto com isso vieram também Comenius, Paulo Freire, Platão, Dewey, Fontana e tantos outros que descobri com meu seminário sobre a(as) infância(s). Só me vem à cabeça terminar parafraseando Juscelino Kubitschek: "Esses momentos saíram da sala para entrar na minha história" (Portfólio de Gisele).

Numa descontinuidade contínua, como mostra Gisele, no processo de compreensão da organização e concepções que norteavam a feitura do curso a uma costura pedagógica foi-se promovendo novas atitudes que acabam por revelar que novas intenções prévias foram aclamadas. As ações arroladas para a composição do portfólio anunciam as possibilidades educativas debatidas no início do processo, uma vez que elas impunham a tomada de ações investigativas e desafiadoras. O eixo norteador do processo inicial era pensar criticamente a realidade, e os estudantes paulatinamente foram olhando-a com mais clareza, abrangência e profundidade.

Dessa forma, ampliavam os conhecimentos, analisando situações, observando contradições e superando os problemas de forma rica e irreverente. A prática reflexiva conduz o estudante a constantes indagações (SCHÖN, 2000) e inscreve o ensino e a aprendizagem na perspectiva da transformação (FREIRE, 1999).

Nas vozes dos estudantes tais como: *voltei a acreditar em mim mesma e a descobrir como é bom ser diferente (Marina); não saio do curso do mesmo jeito que entrei, houve uma transformação (Áureo); eles não sabem, mas mudaram coisas em mim [...] esses momentos saíram da sala para entrar na minha história (Gisele)* veem-se retratados os alunos como seres históricos e sociais, que modificam a si próprios, ao meio e ao outro no processo das relações sociais (VYGOTSKY, 1991). Eles se abrem para a relação de alteridade, ou seja, veem o outro, um diferente, o que os faz rever suas concepções, seus valores, enfim, sua prática (LARROSA, 1994). É o reconhecimento da diferença entre ele e o outro, e esta dimensão da relação é um importante passo na sensibilização para o desenvolvimento de um projeto de trabalho no eixo da defesa da humanização, da politização e da cidadania (ARENDT, 1983). Pode-se ainda perceber o quanto se faz necessário reconhecer o saber do outro, mesmo que isso, a princípio, signifique abandonar o marco de segurança, causando medo e temor de enfrentar as ansiedades. Enfrentar esses desafios abre possibilidades de aprendizagem, de mudanças nas nossas atitudes e no nosso modo de olhar o outro. Para Bleger (1989: 65), "[...] ansiedades e confusões são, por outro lado, iniludíveis no processo do pensar e, portanto, da aprendizagem", constituindo momentos do processo criador. A estratégia mobilizadora do uso do portfólio de aprendizagem relevou-se uma potência avaliativa, proporcionando uma outra leitura da realidade, o desenvolvimento da capacidade crítica, assim como uma releitura das intervenções realizadas cotidianamente em salas de aula do Ensino Superior. As ações previstas para compor o processo da aula e o conteúdo do portfólio favoreceram, também, sentimentos de solidariedade relacionados à dor e ao sofrimento do outro, que não são exclusividade apenas desse processo e que ficaram evidentes nas vozes dos estudantes.

Buscava-se permissão para enfrentar esse desafio, para se tentar romper o medo (da avaliação? da nota? da falta de reconhecimento humano?

de confiar em si mesmo?) para se arriscar a viver a contradição sofrimento/satisfação, anunciando, assim, um processo educativo envolvendo processos de avaliação que fossem capazes de promover oportunidades formativas, sendo esse um ato disparador para o repensar do processo de ensino-aprendizagem no Ensino Superior e no ensino de Didática de Licenciatura.

As conclusões de Chaves (2004) e de Cunha (2004) acerca dos modos como os docentes vivenciam seus procedimentos didáticos apontam para o debatido e pouco alterado conhecimento regulador (SANTOS, 2000a), que incita a continuidade, a previsibilidade, a pedagogia do medo e da repetição... promovendo a banalização da dor e dos sofrimentos dos estudantes no processo de aprendizagem, perpetuando a relação pedagógica ansiogênica[5]; além da documentação constituída no portfólio registrar todos seus percalços, suas dificuldades, desde os planos iniciais e provisórios, pontos críticos e tentativas de superá-lo, também revelou objetivos e competências alcançadas.

O trem-fólio da didática

O portfólio incorporou diferentes formatos estéticos que permitiram variadas informações sobre as aquisições possíveis e ajustes necessários. Isso o tornou rico e promissor.

A variedade na construção e apresentação, a análise e reflexão do que foi mais relevante durante o percurso incitaram o envolvimento dos estudantes no proces-

Figura 7 O trem da didática.
Trem-fólio de Vilmar.

---

5. Prática pedagógica que produz ansiedade nos estudantes, como reflexo da própria natureza da atividade docente que é, por si só, uma atividade profissional causadora de ansiedade, onde destacam-se os seguintes motivos: pressão por produtividade, excesso de trabalho, constituindo-se, às vezes, em tripla jornada de trabalho, baixos salários, excessivos números de estudantes/professores, violência escolar, pressão social, políticas públicas inadequadas ao suporte educacional. Mais informações sobre o conceito busque em Barros et al. (2003) e Ferreira et al. (2009).

so de ensino e aprendizagem. Os estudantes não eram agentes passivos, mas solicitados a avançar na construção e reelaboração de seus conhecimentos. O portfólio pode ser entendido como um facilitador para esse empreendimento.

> O que posso afirmar, com tranquilidade, é que entrei na disciplina de um modo e o indivíduo que sai é outro. Fiz um percurso. Embarquei e segui o caminho muitas vezes fora do trilho, mas um caminho foi percorrido. Sozinho, impossível. Neste trajeto tive uma excelente maquinista: Profa. Márcia Ambrósio. As técnicas, os textos, o modo de conduzir o "trem", esse trem da didática em muito contribuíram para a construção de um conhecimento que não tinha. Por fim, não posso me furtar a dizer que não aprendi tudo o que havia para ser aprendido, no entanto, hoje, chego a uma nova estação, com as malas mais leves e pronto para embarcar de novo em uma nova aventura, para pegar outras trilhas, só que agora de uma forma mais DIDÁTICA! (Vilmar).

A autoavaliação de Vilmar foi manuscrita em papel *kraff*, em tamanho 60cm x 20cm, enrolada e colocada na carroceria do trem, conforme figura 7. Com esse exemplo mostrou-se que a produção final dos *portfólios* colaborou para tornar visíveis os sujeitos na/da cena pedagógica e, ainda, constituindo uma oportunidade de reconstituir as ações vividas, refletirem sobre si mesmos e transformarem-se. Os portfólios que os alunos produziram ao longo do curso constituíram a prova do sucesso de atividades que dialogam teoria e prática, explorando as expectativas dos sujeitos de aprendizagem na tentativa de construir alternativas pedagógicas às rotineiras aulas acadêmicas que, nos dizeres de Vilmar, significa chegar *a uma nova estação, com as malas mais leves e pronto para embarcar de novo em uma nova aventura, para pegar outras trilhas, só que agora de uma forma mais* DIDÁTICA!

O caleidoscopiofólio, a leiteirafólio, a malafólio: revelando uma diversidade de produções

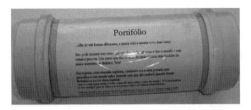

Figura 8 *Caleidoscopiofólio* **construído pelo estudante Alexandro.**

Figura 9   Figura 10

Figuras 9 e 10 *Leiteirafólio* **(produzido pelo estudante Ricardo e** *malafólio* **(produzido pelo estudante Lucas).**

Os portfólios se apresentaram em forma de registros escritos, desenhados, fotografados, cartografados, poetizados, cantados. Em diferentes formas – *caleidoscopiofólio, leiteirafólio, em malafólio e no trem da didática* (figuras 8, 9 e 10) – materializando o incentivo docente de tornar os estudantes escreventes de suas próprias definições, criando um material pedagógico próprio, sendo estudante e professores coautores da própria aprendizagem. Para o estudante Alexandro, o caleidoscópio permite olhar de mil formas diferentes e nunca ver a mesma coisa duas vezes.

> Isto pode resumir este curso que nos deu visões diversas sobre o mundo e suas coisas e pessoas. Um curso que não só trata da parte teórica, mas também do maior instrumento didático. Nós! Sua regente, com maestria suprema, conduziu-nos a uma jornada

sem precedentes em nossas vidas. Jornada esta que não acabará quando forem fechadas as pautas desta matéria. Isto é coisa para toda a vida, coisa de real valor, coisa de amigo. E é justamente como amigos que se deu esta aventura rumo ao autoconhecimento. Márcia Ambrósio, nome de doce, atitude de sorvete, que derrete toda a cada conquista de seus alunos, quero dizer, amigos. Pessoa forte e meiga, cúmplice e guia amiga e professora. Ela nos joga no furacão e nos ensina a voar. Diz-nos: vá em frente e nos faz criar o caminhão (Alexandro).

Com a ajuda do excerto do portfólio de Alexandro, resume-se a viagem pelo *trem da didática*, conforme ilustrou Vilmar, onde pôde-se desenvolver a concepção educacional, mirando no caleidoscópio que mostra as coisas com pontos de vista únicos e nunca os mesmos. *Mostra que as coisas e pessoas são feitas de fragmentos de tudo o que está a sua volta (inclusive nós mesmos!) e é assim que a grandiosidade em diversidade, magia e respeito...* (Alexandro). Em seus trabalhos, registros de caráter subjetivo ou objetivo que foram realizados intencionalmente pelos estudantes e professora, acabaram por desencadear a criação de um arquivo de atividades que colaboraram para a coleta de exercícios e produções dos alunos, uma produção de objetos e artefatos concretos de ações investigativas e criativas voltadas para o desenvolvimento individual, dos estudantes e do grupo.

As metodologias propostas, no que tange à diversificação, adequação e recursos utilizados, foram excelentes por propiciar interesses diversos e que as pessoas se envolvessem de acordo com sua bagagem, suas vontades, seus desafios. Cabe ainda salientar a bibliografia e o material que ficava disponível na xerox. A sua capacidade de organização e acima de tudo, atualização merece grandes elogios (Cíntia).

A relação pedagógica transformou a sala de aula em um *ateliê* para construções dos portfólios: um produto da aprendizagem capaz de revelar como cada estudante foi decidindo apresentar seu processo de conhecimento e capaz de propiciar visibilidade às riquezas pedagógicas[6]. Como

---

6. Para dar visibilidade a todos os portfólios, burlou-se a escassez do tempo docente para atividades extraclasse. Mas esse não foi motivo para justificar uma possível ineficácia na distribuição/utilização na organização dos tempos e espaços.

Hernández e Ventura (1998: 91), acreditava-se que "[...] uma concepção sobre a relação de ensino-aprendizagem como a que sustenta o trabalho por projetos, as fases da prática docente – planejamento, ação, avaliação – não podem entender-se senão como um sistema de inter-relações e complementaridades".

Esses autores vêm colaborando com a discussão no sentido de reafirmar que, quando se concretiza uma ação docente com opções por trabalhar com projetos dessa natureza, se precisa organizar o trio didático, formando uma rede em que os fios se interconectam, se interdependem para que produzam bons resultados pedagógicos. Nas ações desenvolvidas – processo e produto –, o fio avaliativo permeou todos os trabalhos, desenvolvendo uma reflexão adequada e sistemática advinda das produções realizadas ao longo do Curso de Didática. Desse modo, o processo vivido nas aulas revela-se como muito rico, conseguindo concretizar-se numa etapa final que é a de dar respostas às conexões entre o sentido da aprendizagem dos estudantes que se tornaram visíveis por meio dos portfólios produzidos e destacados por nós neste livro e as intenções e propostas de ensino que inicialmente foram planejadas.

> O que achei do curso? Como já disse várias vezes, no início, fiquei muito desconfiada. O fato de uma professora tratar os alunos como seus iguais e propor um curso dinâmico, cheio de brincadeiras e, ainda por cima, sem a tradicional prova me deixou muito assustada. Como seria possível? Esse preconceito foi aos poucos se quebrando e hoje posso dizer que essa é a melhor forma de ensinar, ou melhor, de educar: deixar os alunos livres para produziram seu próprio conhecimento. Agradeço por ter tido a oportunidade de aprender com você, Márcia, e guardarei essa lição para sempre! Espero ser tão humana, tão sensível, tão professora quanto você é. Você cumpriu sua tarefa: não deixar que se perpetue a ideia de que o professor deve exigir, cobrar, *massacrar* o aluno. Obrigada por me fazer diferente!!! (Portfólio da estudante Raquel.)

Como no exemplo supradestacado, percebe-se que um dos grandes méritos do portfólio é sua tendência a centrar a reflexão na prática pedagógica por meio da autoavaliação, já que esta é a referência para a construção, a reconstrução e a socialização do conhecimento. Por meio do arquivamento e a análise da documentação das aulas, os estudantes puderam refletir sobre a sua produção, perceber a própria aprendizagem em vez de limitar-se a receber a informação. A autoavaliação permitiu, tanto a Raquel quanto aos outros estudantes, saírem da dependência de que o professor desse as respostas certas e os livrasse das dificuldades. Embora sejam dependentes da avaliação do professor, a reflexão coloca em lados opostos a atividade de autodeterminação de sua aprendizagem e a passividade de simples execução de instruções (HADJI, 2001).

Memórias docente e discente em portfólio: por uma pedagogia do encantamento[7]

Cara Márcia, tudo bem? Encaminho-lhe esta carta buscando refletir sobre as aulas de didática do primeiro semestre de 2004, tanto no âmbito de construção do conhecimento e de minha participação quanto no âmbito das metodologias propostas e dos momentos mais significativos. A primeira coisa que não poderia faltar nesta reflexão/avaliação é a minha admiração pelo trabalho. A sua dedicação, o seu esforço, o seu interesse e sua força de vontade me cativaram profundamente. Hoje a vejo como exemplo de professora que muitos deveriam ter tido e que muitos devem seguir em sua profissão. Minha admiração é, dessa forma, tanto pela professora como pela pessoa Márcia. O processo de construção do conhecimento desenvolvido por você foi, para mim, maravilhoso, inovador e instigante, no sentido de que me deu uma nova perspectiva sobre as minhas aulas. Em termos de elaborações teóricas, construção de síntese e estabelecimento de relações com a prática pedagógica, acredito que esse processo foi

---

7. Elementos fundamentais para uma pedagogia do encantamento: *1) o ancoramento na essência da pessoa humana; 2) ênfase na inteligência emocional (coração) e na criatividade (imaginação); orientação básica para significado das vivências cotidianas e do viver em si mesmo (sentido); 3) valorização extrema do amor e da amorosidade; 4) a busca da integração da harmonia da pessoa em desenvolvimento – consigo mesma, com as outras pessoas e com todos os seres do universo, que é o verdadeiro mundo à sua volta (união)* (THOMAS MOORE, apud SILVA, 2004).

bastante pertinente porque nos fez pensar na importância dos alunos como sujeitos ativos e transformadores do conhecimento. Pude sentir o quanto pode ser prazerosa uma aula e quanto podemos cativar os nossos alunos, mesmo nas matérias "entediantes" (Sedexfólio enviado pelo estudante Igor).

O trecho da carta do estudante supracitado ilustra a tessitura dos argumentos a seguir arranjados. Dos mais de 450 portfólios analisados, receberam-se, em sua maioria, incursões próximas às destacadas pelo estudante. Avaliações como essa são um retorno importante do trabalho docente desempenhado. A dedicação à docência, o desejo de implementar um novo formato avaliativo, a confiança no envolvimento dos estudantes, os sonhos de implementação de uma *nova* didática foram a mola mestra da realização dessa experiência. À medida que a professora mostrava seu encantamento, também o produzia nos estudantes, que paulatinamente foram se envolvendo com as estratégias do trabalho, conforme a carta avaliativa e autoavaliativa do estudante Igor. Ficou o aprendizado: é necessário um compromisso com as experiências de quem aprende, para que os sujeitos dessa aprendizagem sejam premiados com um ensino significativo. Pode-se dizer que se implementou um compromisso afetivo, político, relacional e intelectual – um *ágora pedagógico*. Sá-Chaves (2004), em entrevista realizada por Beatriz Gomes Nadal (UEPG), Leonir Pessate Alves (PUC-SP) e Silmara de Oliveira Gomes Papi (Faculdades Santa Amélia), debate sobre portfólios nos processos de formação e advoga a favor da questão em foco quando descreve sobre a relevância da ação docente e as características necessárias para o desenvolvimento de ações didáticas como as focadas nesta pesquisa.

Qual o perfil docente necessário para a realização de um trabalho efetivo com portfólios na formação de professores?

Alguém que possa ainda lembrar-se de como sofreu com processos de formação que ignoraram todas as coisas boas (e lindas) que trazia consigo, de que ninguém deu conta e às quais se costuma chamar **sonhos**... Que se lembre da injustiça, quase dolorosa, das avaliações pontuais, esporádicas e aleatórias... Que se lembre do vermelho com que os seus erros foram assinalados e publicitados... Mas, **alguém** que, no meio de tudo isso, guarde também a certeza de que há outros possíveis e que não desista de o provar. Não obstante o imenso trabalho, a construção sempre nova das trajectórias, a incerteza de todas as jornadas... Alguém que, em síntese, seja ainda (ou já) capaz de acordar em si o sonho perdido (ou reencontrado). Mais fraternidade, mais equidade, mais solidariedade, mais dignidade. Alguém disposto a trocar a vida por ele. Em gestos pequenos, todos os dias. Como quem ensina e, ensinando, aprende. Como quem gosta e, de tanto gostar, cuida.

Sá-Chaves (2004) nos faz lembrar o que Freire (1999: 23) tanto defendeu [...] "não há docência sem discência". Nesse sentido, construiu-se essa relação, destacando o *cuidado* mútuo, além do *respeito e do carinho* estabelecido, compartilhando as atitudes pedagógicas reveladas por Freire e Idália-Sá. *Atenção e cuidado, fraternidade, equidade* entre os sujeitos de aprendizagem fizeram sentir-se *importantes* e capazes de manter uma relação de proximidade entre os sujeitos de aprendizagem.

Desse modo, compreende-se que se exerceu uma *pedagogia do encantamento*[8] (FREIRE, 1999; SILVA, 2004), que pode ser definida como uma energia capaz de agrupar sujeitos de aprendizagem para um mesmo propósito: exercitar o direito à cidadania, de se autoconhecer, de amar, de exercitar cotidianamente uma didática diferenciada, que consiste *em valorizar a sensibilidade, despertar a autoestima, tocando no outro pelo sentimento.*

Quando se pactua fazer ações que sequer se sabia ser capaz, encanta-se. É tal o entusiasmo que faz com que se exerça a docência recebendo um mísero salário; que se trabalhe em condições, às vezes, muito precárias (envolvendo horários descompassados da rotina social, número excessivo de alunos; estudantes de todas as áreas de ensino, desafiando conhecimentos prévios). Isso arrebatou e fez ver que se podia mais do que se sabia.

O encantamento, portanto, está no que se aprende, que para uns ocorreu no tocante às questões afetivas conquistadas, para outros pelas questões

---

8. Freire (1999) afirma que não se pode entender a educação como uma experiência fria, sem alma, em que os sentimentos e as emoções, os desejos, os sonhos devessem ser reprimidos por uma espécie de ditadura racionalista.

sociais, outros por se espelharem nos exemplos. Para Maturana (1998: 23) "[...] a emoção fundamental que torna possível a história da hominização é o amor". O autor, ao descrever a emoção, não se refere ao que convencionalmente se trata como sentimento. Para ele, a emoção pode ser definida como "[...] disposições corporais dinâmicas que definem os diferentes domínios de ação em que nos movemos". Assim entendida, a emoção fundante do social – o amor – é elemento estrutural da fisiologia humana.

> O amor é a emoção que constitui o domínio de condutas em que se dá a operacionalidade da aceitação do outro como legítimo outro na convivência, e é esse modo de convivência que conotamos quando falamos do social (MATURANA, 1998: 23).

No espaço da sala de aula construiu-se a convivência que é esse espaço/tempo das relações humanas e se transformou em um *lugar* de perene criação/recriação da vida, de uma autonomia pedagógica. Desse modo, estabeleceu-se uma possibilidade de pensar o processo educativo do sujeito como construção de uma *autonomia relacionada* em que cada qual é reconhecido como um legítimo outro no conviver (MATURANA, 1998). O fazer pedagógico constituiu-se como um agir humano histórico e relacional (TARDIF, 2002), capaz de recriar os sujeitos dela participantes, como expresso nas falas dos estudantes relatadas neste capítulo. Esse contexto é bastante favorável à inclusão, na sala de aula, de uma prática que implique o conceito de zona de desenvolvimento proximal introduzido por Vygotsky (1991), em que enfatiza a dependência da cooperação entre os sujeitos para o desenvolvimento das funções psicológicas superiores.

Com a *pedagogia de encantamento* pode-se dizer que se exerceu a capacidade emancipadora, pois se foi capaz de fazer com que o outro experimentasse, em si mesmo, o que podia, que aprendesse mais do que já sabia e, ao saber mais, colocasse criticamente frente ao mundo, cuidando dos afazeres individuais e coletivos.

4
PORTFOTOS: UMA PEDAGOGIA DO ENCANTAMENTO

Este capítulo ater-se-á a debater os projetos de trabalhos que tiveram na fotografia sua principal orientação – produzidas e/ou tratadas pelos atores em que situações pedagógicas são colocadas em evidência, sendo os estudantes sujeitos do processo pedagógico, e os registros acadêmicos, que eles produzem, explicitam um produto (re-)significado de suas ações. O que tem-se então? Sujeito e objeto em sintonia compondo conhecimentos de natureza diversificada. Com projeto portfólio fotográfico – *portofotos* – acontece um magnífico processo de reconstrução das cenas das aulas de didática. Ao longo do texto discorre-se sobre a fotografia como registro reflexivo da prática pedagógica – por intermédio do tratamento dado a elas pelos estudantes numa interlocução e apropriação da pedagogia dos projetos, da elaboração de seus portfólios que culminaram na *revelação* de uma pedagogia do encantamento.

4) Álbum de possibilidades: a revelação de uma pedagogia do encantamento

> A fotografia está vagamente constituída como objeto, e os personagens que nela figuram estão constituídos como personagens, mas apenas por causa de sua semelhança com seres humanos, sem intencionalidade particular. Flutuam entre a margem, sem jamais abordar qualquer uma delas (SARTRE[1], apud BARTHES, 1984: 36).

Ao trabalhar com a fotografia relacionou-se a linguagem imagética com o real, realizando dois percursos de análise: o lógico, relacionando e problematizando a lógica e a realidade; e o poético, desvelando as expressões artísticas, capazes de revelar uma *poiésis*[2].

Para melhor descrever como, ao trabalhar com projetos, modificou-se o cenário acadêmico e a prática dos atores, dar-se-á ênfase a alguns projetos realizados tendo a fotografia como seu eixo central em sua montagem. Viu-se a própria experiência dos alunos se tornar fonte primária da busca dos temas que constituiriam a fotonovela *Tempo de despertar*[3] e o *portfólio fotográfico*, fazendo um tratamento da fotografia tomada por eles próprios, conforme diagrama abaixo representado.

---

1. SARTRE, J.P. (1940). *L'Imaginaire*. Paris: Gallimard/Idées.

2. Segundo Carvalho (2006) o mito depende do rito para que possa ser manifesto. O rito está para o mito assim como a linguagem está para a *poiésis*. "Ora, o mito só pode ser 'lembrado' por meio da escrita. A escrita é uma forma de rito. A escrita é o rito da *poiésis*. Falamos agora de *pro-dução*. Produção é *poiésis* e nos lembra a técnica [...]. Para que essa escrita se torne manifesta, ou seja, para que ela *des-cubra* o que está encoberto (Ser) é necessário que uma outra forma de tempo se manifeste. Esse é o tempo do acontecer poético. O tempo que é capaz de *des-cobrir* o que está encoberto. Ele é o que nos *re-vela* a que ama encobrir-se: a *Phýsis*. O poeta é o que está sensível a esse acontecer, é aquele que recebe o quinhão (Moira) daquilo que se manifesta no momento em que se oculta, é aquele que é capaz de experienciar o que o *lógos* expõe no momento em que se dá o *homologéin*" (CARVALHO, 2006: 90).

3. Este projeto será debatido no capítulo 5.

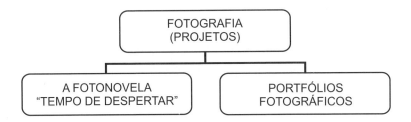

Figura 11 Diagrama-síntese dos projetos realizados, tendo como base a fotografia, analisados neste e no próximo capítulo.
Fonte: Projetos de trabalho contidos nos portfólios dos estudantes componentes do grupo. Curso de Didática, FaE/UFMG, 2004.

A partir dos projetos elaborados, os sujeitos não só foram ativos no processo como acabaram por se tornar produtores de um saber singular.

Como tudo começou... – A dinâmica da fotografia

Nesta dinâmica foram colocadas várias imagens/fotos na parede da sala. A professora Márcia Ambrósio coordenou esta dinâmica pedindo para que cada um de seus alunos se apresentasse dizendo o nome, o curso de origem e em qual período estava. Depois pediu para que cada um escolhesse a figura que mais lhe interessava e explicasse o porquê da escolha. Observei que a grande maioria da sala escolheu paisagens que se referiam ao lazer. Também não seria por menos. A grande maioria dos alunos da sala faz Educação Física, que já é um curso mais voltado para o esporte e o lazer. Tive como escolha uma fotografia que se referia à tecnologia. Tenho muito interesse por esta área e no momento estou totalmente inserido no mundo tecnológico. Pensei muito em escolher uma foto sobre paisagem, mas para aqueles que cursam Física o lazer, infelizmente, acaba por ficar em segundo plano. Portanto, o maior peso para que eu escolhesse esta foto foi a atual situação na qual me encontro (*Cdfólio* de Alisson).

Minha foto

A professora explicou que começou a fazer esse tipo de dinâmica com seus alunos com fotografias da Revista *Ícaro*. A dinâmica trabalhava com a identificação dos alunos com as imagens. Em seguida indicou algumas leituras de livros relacionados com a possibilidade educativa da fotografia, como *O óbvio e o obtuso* e *Câmera clara* de Roland Barthes e revista *Calixto*, 2001, que falam sobre o uso da fotografia para o estudo de biologia. Falou da foto como registro avaliativo do nosso trabalho enquanto professor. Que a foto ganha materialidade humana quando lhe atribuímos significados.

Nome: Evandro
Idade: 27 anos
Signo: Capricórnio, 31 de dezembro
O que sabe fazer: Toco violão, faço malabarismo, faço palhaçada, sei recitar um mucado de poesia.
Cor: Verde
Estação do ano: verão
Cidade: Trancoso, BA
Música: *Starless* – King Crimson.
Filme: *Tão longe, tão perto* – Win Wenders
Livro: *Grande sertão veredas* – Guimarães Rosa
Sonho: Ser um só. Nem ser nem não ser. Ficar sendo (Vasofólio de Evandro).

Desenvolver o hábito de fotografar a vida acadêmica, cenas das aulas, parece ser um ato valioso no intuito de ser mais um aliado relevante nas atividades de registro da vida escolar do aluno e autoavaliação da prática pedagógica do professor. Por ser um recurso de fácil utilização e que despertou o interesse nos alunos, revelou uma nova forma de avaliação e/ou tão somente um instrumento para imortalizar momentos. A fotografia esteve presente em todo o trabalho de desenvolvimento do portfólio, iniciando sua entrada em cena com as dinâmicas das fotos (com fotografias diversas retiradas da Revista *Ícaro*) e dinâmica da fotografia (com fotos pessoais, representando momentos que os estudantes quisessem compartilhar com os colegas na sala de aula). Desse modo, esses momentos provocaram uma investigação pessoal, uma análise de si mesmo, produzindo reflexões muito ricas e tomadas de novas atitudes por parte de alunos e professores. Vejam-se os resultados dos trabalhos de Nuno nas respectivas dinâmicas.

O silêncio perfumado da rosa é maior que o melhor poeta, seja em verso ou em prosa. Dentre algumas fotos que guardo em meu jardim de belas imagens, por se tratar de metáforas das mais estimadas por mim a respeito do humano. A foto não revela, mas sabemos que toda rosa que se preze tem espinhos... e assim somos nós: beleza, perfume e espinhos. Ao caminhar pela vida, o tempo vai nos revelando muitas dimensões deste ser delicado, áspero, bonito, feio, complexo, simples... enfim Humano... e Divino. Muitos aspectos e pétalas ou espinhos, a flor não estará completa, não estará plena e não será quem ela É. Assim compreendo também nosso processo de autoconhecimento, aos poucos a vida vai nos revelando, despindo e, por vezes: *como dói!* Quando reconhecemos espinhos difíceis de nós mesmos, como é árduo descobri-los, conviver com a existência deles em nós e, mais difícil ainda: aceitá-los e amá-los. Creio que o percurso da vida seja algo muito próximo disto: tornar-se flor... em plenitude, sem medo de reconhecer os espinhos e a função de proteção que vai, ao longo do nosso caule, nosso eixo, elevando-nos à dimensão mais sutil, silenciosa e cheirosa desta humana-rosa. Amém.

Fragmentos de um Indivíduo coletivo
Começo dizendo que: quando percebi que seria um dos poucos a expor nesta aula sobre a dinâmica das fotografias, imaginei aquele quadro vazio, meio xuê, poucas fotos...
...Aí resolvi trazer companhia. Escolhi vários Eus clicados em alguns meus momentos que vão da infância até hoje em dia.
Começando pelos *pés*, a base, a criança: em pé o batizado, no outro os colos do pai e da mãe se unem, transformando-se num só para me acolher. Subindo um pouco, e já caminhando com as

próprias *pernas*, me vejo em dois personagens: Carlitos (C. Chaplim) e o Super-homem... dois heróis que me aparecem na vida e ali resolvi imitá-los, ou interpretá-los... certamente um sinal, ainda que pequeno e incipiente, de um futuro que hoje é presente, e que, aliás, está retratado nas duas próximas fotos. Ali onde fica o *tronco*, nosso eixo, e – principalmente – *o coração*... coloco dois momentos de magia, beleza e gratidão, é a minha profissão: o palco. Estou acompanhado por meus fiéis escudeiros e companheiros. Juntos formamos o Grupo Fábula, Contadores de histórias, que já há cinco anos anda pelo Brasil caminhando, contando e EnCantando muita gente...

Nos dois braços, muita alegria, cantoria e muitos abraços... é festa! 23 anos comemorados entre árvores e passarinhos lá no Parque das Mangabeiras. Uma tradição que já está em seu 5º aniversário consecutivo. E finalmente a *cabeça*...

...mas, gostaria de tentar traduzir uma reflexão que começou em mim na última aula e que de lá para cá elaborou-se um pouco e talvez, creio que dividindo-a com a turma, pode ser que venha a ser enriquecida com novos olhares, ideias, e ganhando assim mais vida...

Bem: pude notar, naquela aula em que cada um falou sobre sua foto, que ao final da exposição de todos, configurou-se no quadro um bocado de momentos fragmentados da vida de cada um, e que apesar de individuais, muitos tiveram uma identidade coletiva, ou seja, boa parte deles, de certa maneira, foram também vividos individualmente por todos nós. Percebi então que a soma destes fragmentos, que poderíamos chamar de fragmomentos... resultou numa espécie de indivíduo coletivo, um ser que é meio aluno e meio professor, e que tem um quê de filósofo, de sociólogo, mas que também é geógrafo, pedagogo, matemático, músico, enfim, um verdadeiro e múltiplo "Ator Social".

...aliás, apesar de toda esta diversidade, uma coisa ficou bem clara: este indivíduo adora participar de um congresso estudantil...

...voltanto à reflexão... senti como se aquelas fotos e toda a carga de significados, ideias e sentimentos que traziam, era como se elas se transfigurassem em um grande quebra-cabeças multicolorido, dinâmico, humano e muito vivo. Tão vivo que ele é capaz de pular carnaval; andar de trem; ter namorado, amigos, família, participar de formaturas, e é tão humano que chega a gerar vida, tem filhos e, pasmem, chega ao ponto de até amamentar...

...essa reflexão, bem sei, é pouco acadêmica, e caminha mais nas trilhas da poesia que da ciência... mas deve ser porque graças a Deus, esse é meu caminho...

Aliás, sobre isso, nosso amigo Carlos Drummond, em momento já adiantado de maturidade de sabedoria diz que "com o tempo a gente desiste de procurar a explicação (duvidosa) da vida e acaba encontrando a poesia (inexplicável) da vida".

Mas... caminhando já para o fim, volto à *cabeça*...

...ali estão duas imagens. A primeira é muito forte, meio mágica e meio assustadora: o céu nublado pronto a desaguar uma tempestade. Com essa cena represento a Sombra. Logo acima vem a Luz, um belo nascer do sol. Luz e Sombra, em síntese, é disso que somos feitos: *Fragmomentos* de brilho e de escuridão, um não vive sem o outro...

Encerro com uma frase Zen Budista da qual sou discípulo devoto: "Não há o bom ou o mau, pois a Luz ilumina, e a Sombra ensina" (Portfólio de Nuno Arcanjo).

Nuno Arcanjo, a partir da sua história de vida e ao fazer sua interpretação da fotografia, atribui-lhe sentidos e significados próprios. No texto *Humana rosa* tece considerações da nossa tão forte e frágil condição humana – na beleza, perfume, encantamentos, mas também os espinhos, aspereza e limites da vivência humana. Para a montagem do que intitulou *fragmomentos coletivos* escolheu *vários* Eus *clicados em alguns* mEus *momentos que vão da infância até hoje em dia que numa espécie de* indivíduo coletivo *de um ser que é meio aluno e meio professor, e que tem um quê de filósofo, de sociólogo, mas que também é geógrafo, pedagogo, matemático, músico, enfim, um verdadeiro e múltiplo* Ator social. Nuno, em sua apresentação, na montagem de um *corpo fotográfico* revelou *fragmomentos* do que foi vivido e apresentou aos colegas aquilo que gostaria que fosse guardado dele – se mostrando aos outros. Ilustrando momentos de sua vida, revelando *toda a carga de significados, ideias e sentimentos que trazia* para cena da aula. Destarte, a fotografia serve, então, como suporte da memória e como um ponto de onde se sai para reconstruir a história que ela ajuda a contar (FERNANDES & PARK, 2006). Concorda-se com Portelli (2004: 298) quando afirma que

> [...] uma história de vida é algo vivo. Sempre é um trabalho em evolução no qual os narradores examinam a imagem do seu próprio passado enquanto caminham. A dificuldade que entrevistadores (e narradores) muitas vezes encontram em finalizar uma entrevista mostra sua compreensão de que a estória que estão contando é aberta, provisória e parcial.

Nuno realizou com suas fotográficas a reconstituição de um *corpo iconográfico* – o que Kossoy (1989: 41) denomina como reconstituição mental – "[...] sucessão de construções imaginárias". Brincou-se com as imagens que os estudantes trouxeram para a sala e como fizeram os estudantes Alisson e Evandro. As realidades foram criadas numa junção da realidade com aspecto ficcional. Assim, ao lerem as fotos trazidas para aula, os estudantes desconstruíram-nas em um processo que envolve imaginação e sentimentos em um movimento muito peculiar, particular, que envolve, principalmente, o afeto, como exemplificado por Nuno: ...no *coração... coloco dois momentos de magia, beleza e gratidão, é a minha profissão: o palco.*

As dimensões pessoais e profissionais do estudante foram reveladas e consideradas. Integrada num contexto e, não apenas, como uma *imagem única.* Nuno detalha sua vida, recompõe fatos, instaura dúvidas... a respeito da imagem e a parte dela para elaborar a tessitura de sua vida. Qualquer outro espectador poderia arriscar comentar as fotografias da vida de Nuno, porém apenas ele próprio ou o fotógrafo poderia construir tantas indagações e revelar tantas emoções congeladas nas imagens.

Ao criar esse movimento de usar as fotografias de diferentes formas para desenvolvimento das aulas, foi-se também reconhecendo nelas um poderoso instrumento metodológico de coleta de dados sobre os estudantes. Nesse sentido, a fotografia passou a constituir-se como um importante recurso prático para o ensino-aprendizagem e um poderoso instrumento de registro das ações educativas realizadas por estudantes e docente na prática pedagógica.

Portfotos: uma produção criativa

> Por ser uma linguagem específica, a imagem torna-se mais flexível de compreensão do que o texto, por suportar, em sua estrutura, vários significados. A imagem, neste contexto, pode ser lida exatamente como uma narrativa linear textual (PIRES, [s.d.]).

Ater-se-á agora a debater um dos trabalhos[4] dos estudantes que tiveram na fotografia sua principal orientação – *o álbum fotográfico das aulas*. Neste trabalho o estudante Bruno usou as fotografias em preto e branco produzidas por ele mesmo como principal fonte de registro de suas informações: a composição de um *portfólio fotográfico* durante o desenvolvimento do curso.

Os estudantes, ao utilizarem as fotografias *como principais recursos de suas pesquisas*, mostraram-nas como reveladoras do trabalho de pesquisa e investigação e como potencial instrumento para apresentar conteúdos a serem conhecidos. Quando se iniciaram as aulas, levou-se a câmera para a sala de aula e fez-se dela um apoio para registrar nas aulas cada detalhe importante, cada ação irreverente, as apresentações dos estudantes, seus gestos, posturas... Ela foi utilizada como registro reflexivo e como um registro de memória. Aos poucos, quando se fotografava e se retornava com as fotos nos álbuns, viram-se os estudantes se *mexerem*, se *remexerem*, fotografando as aulas também e tendo nas fotografias as fontes para seus projetos de trabalho.

A intenção ao registrar a aula, os projetos produzidos, é chamar a atenção sobre os mesmos, insinuando reflexões mais profundas sobre as ima-

---

4. No quinto capítulo dar-se-á continuidade nesta discussão, dando centralidade a *um segundo projeto que foi apresentado, em forma de uma fotonovela*; há uma composição de *clip* intitulado *Tempo de despertar*. O grupo de estudantes aponta seu descontentamento com o formato avaliativo vivido na universidade, usando a ironia como linguagem.

gens dos processos educativos percebendo-os como oportunidades formativas. Nesse sentido, compactua-se com Barthes (1984) quando afirma que "[...] perceber o significante fotográfico não é impossível (isso é feito por profissional), mas exige um segundo ato de saber ou de reflexão" (BARTHES, 1984: 15).

Não se pode deixar de acrescentar, porém, que se tentou retratar o que se pôde enxergar desse processo sabendo que significados mais profundos da fotografia poderão ficar à deriva da análise, uma vez que, como diz o próprio Kossoy (1989: 80),

> o significado mais profundo da vida não é o de ordem material. O significado mais profundo da imagem não se encontra necessariamente explícito. O significado é imaterial; jamais foi ou virá a ser um assunto *visível* passível de ser registrado fotograficamente. O vestígio da vida cristalizado na imagem fotográfica passa a ter sentido no momento em que se tenha conhecimento e se compreendam os elos da cadeia de fatos *ausentes* da imagem. Além da verdade iconográfica.

Indo ao encontro das definições de Barthes (1984) e Kossoy (1989), Andrade (2002) diz que a fotografia pode ser definida como um sistema de elaboração de realidades comportando dois processos cruciais: o de construção da imagem fotográfica e o de sua interpretação. Para a autora, a relação do fotógrafo com a realidade tem por moldura a mediação intrínseca de suas crenças, referências e intenções – conhecidas e desconhecidas, conscientes e inconscientes – na construção da imagem; fatores, aliás, presentes também em toda e qualquer interpretação. Frequentemente a fotografia é vista apenas como uma prova ou ilustração – evidência ou duplo da realidade; é mais recente seu valor por si, como forma de pensamento visual e expressão autônoma (ANDRADE, 2002). É nessa última vertente que se situam a seguir as imagens que se tomou como conteúdo dessa seção e, não, uma mera ilustração. Tomando como base a experiência de fotografar as aulas de didática do estudante Bruno Aguiar e da própria professora, recorrendo às próprias imagens, os exemplos e citações dos estudantes *fotógrafos* e alinhavando as reflexões com o pensamento de autores tais como Walter Benjamin, Boris Kossoy e Roland Barthes, tece-se o próximo item desta seção. Em síntese, discute-se a fotografia em aulas de didática, a pluralidade de questões que as imagens são capazes de colocar em foco e fazendo com que se defrontem o *fotógrafo*, o estudante e a docente. Este olhar oferece a possibilidade de diálogo sobre *olhar fora-dentro* (ANDRADE, 2002), de uma pedagogia da produção em que se reflete a sua dupla e simultânea condição de observador e participante, advogando um equilíbrio no olhar e de possibilidades de aprendizagens relevantes e significativas.

Projeto 1 – *Portfoto*: uma memória das aulas em fotografias

O estudante Bruno optou por apresentar seu portfólio por meio de uma confecção fotográfica – *portfotos* – explorando imagens de diferentes espaços (internos e externos) da sala de aula da Faculdade de Educação da Universidade Federal de Minas Gerais.

Com câmera na mão, pôs-se a pesquisar dentro da sala e fora dela. Focava o que achava interessante, buscava espaços não visitados, detalhes da entrada da faculdade, a passagem pelas roletas, o saguão e a exposição dos trabalhos de didática, a entrada no corredor até a sala 1.104 (onde aconteciam as aulas), os alunos reunidos em grupo, a professora e suas muitas coisas para mostrar aos estudantes, o cartaz do grupo: ser criança é... o casal de namorados, a dinâmica do bicho, os bichos na lousa, o cartaz: ser professor é..., os cartazes no saguão, fotos e trabalhos de outras escolas, apresentações das produções de outras escolas, corpos em grupo, corpos sentados no chão, criando, usando máscaras, estudantes imitando bichos, alongando-se, se emocionando... reuniões na cantina, de repente a professora no chão imitando uma cobra, os pés descalços, encontros corporais, o grupo de trabalho... a mesmice das aulas em foco, a irreverência das dinâmicas... tornando visto o que para muitos ficou despercebido.

Folheando o portfoto produzido pelo estudante Bruno

As fotos e os comentários, a seguir expostos, compuseram o portfólio fotográfico de Bruno Aguiar, estudante do Curso de Didática de Licenciatura, no ano de 2004.

Figura 12

Este era meu grupo de discussão. A professora passou um monte de coisas na lousa para que discutíssemos depois. Neste dia era para fazer uma discussão sobre a infância, a juventude e a adultez, em cartazes: *ser criança é...; ser jovem é...; ser adulto é...* Cada cartaz tinha o contorno de uma pessoa com várias fotos sobre o tema.

Figura 13

Às vezes ela aproveitava essas aulas para pedir que algum aluno lesse trechos de textos sobre o assunto.

Figura 14

Formamos uma roda e, para dar início às atividades, todos tiveram que tirar o sapato e depois se espreguiçaram.

Figura 15

Após passar a preguiça, todos se cumprimentaram encostando a testa e o nariz, respectivamente, um a um.

Figura 16

Esta foi a apresentação de outro grupo: O Jornal da Didática. Em todas as apresentações, a professora fazia os registros.

Figura 17

Houve aluno que também filmou as aulas.

Figura 18

Essas aulas sempre geravam boas discussões sobre vários temas pedagógicos.

Figura 19

E muitas vezes essas discussões só terminavam fora da sala

Fonte: Portfólio fotográfico de Bruno M. Aguiar. Curso de Didática de Licenciatura. Ano: 2004.

Apresentou-se oito das 62 fotos produzidas[5] por Bruno que testemunharam em suas imagens as aulas, desafiando os espectadores a fazerem sua própria leitura.

> A fotografia, antes de tudo, é um testemunho. Quando se aponta a câmera para algum objeto ou sujeito, constrói-se um significado, faz-se uma escolha, seleciona-se um tema e conta-se uma história; cabe a nós, espectadores, o imenso desafio de lê-las (LIMA, s.d.).

A produção fotográfica constrói um significado, apresenta uma história e seu tratamento, sua composição em álbum aponta o conhecimento-na-ação e de reflexão-na-ação (SCHÖN, 2000), oportunidade formativa para conhecer e produzir memória.

Sobre o foco – por meio do olhar de Bruno – a fotografia se tornou uma oportunidade formativa – um instrumento de pesquisa, de retomar as cenas das aulas, para mostrar o dito e o não dito... pois foi capaz de expressar artisticamente o feio e o belo, expressões tensas, de paz, de dúvida... os sentimentos humanos.

E, em tempos pós-modernos, foi acompanhado o desenvolvimento das câmaras digitais e o abuso de seu uso. Entretanto, Bruno escolheu fotografar em uma câmera tradicional em preto e branco, com tom *sépia*.

O trecho abaixo, embora longo, foi selecionado por relevar o modo como Bruno resolveu montar seu portfólio (*portfoto*), mas também por anunciar verdades sobre a avaliação acadêmica que, muitas vezes, exclui muitos estudantes da universidade e, consequentemente, de realizarem o sonho de receberem uma qualificação profissional.

> [...] Bom... Quando ingressei na universidade no curso de Física em 1998, queria me formar em bacharelado e seguir carreira acadêmica. Logo no terceiro semestre minhas notas não estavam boas e tive minha primeira reprovação. Por outro lado, desde o primeiro período consegui uma bolsa de monitoria na matemá-

---

5. Todas as outras fotografias em preto e branco disponíveis na abertura dos capítulos e no capítulo 3 foram tomadas pelo estudante Bruno Aguiar.

tica. No segundo semestre troquei a bolsa por uma de monitoria no Observatório Astronômico da Serra da Piedade. No observatório tive minha primeira experiência com ensino de Física.

A partir da primeira reprovação, comecei a ficar para trás da minha turma. Com o tempo, vieram outras reprovações (e o respectivo desânimo com o curso) e os professores não viam com bons olhos quando estava fazendo as suas respectivas matérias. Um dos professores que me reprovou me disse, ao final do curso, que ficaria chateado se eu fosse aprovado na matéria dele... Outros professores claramente implicavam comigo e também torciam para que eu fosse mal nas matérias. As três provas de 33.3 pontos dificultavam minha vida na Física. Após ficar um ano como bolsista do Observatório da Serra da Piedade, consegui uma bolsa de Iniciação Científica na área de Astrofísica Estelar, ficando como bolsista por cerca de dois anos. Tanto meu trabalho no observatório quanto na astrofísica foram bem e meus respectivos orientadores gostavam do meu trabalho e sempre ia bem nas matérias relacionadas. Após 5,5 anos tentando me formar, sem boas perspectivas e desanimado com o curso, tive uma crise de depressão. Não culpo o curso de Física por isso, mas ele tem uma boa parcela nisso [...]. Cheguei a trancar um semestre na Física por causa da depressão. Quando fui justificar meu trancamento, o coordenador do curso de Física (que me ajudou muito na época), o Prof. Agostinho (às vezes apelidado de Santo Agostinho pela boa vontade em ajudar os alunos) disse que vários alunos da física estavam com depressão. Eu já estava pra ser jubilado da UFMG, estava a um semestre de acabar meu tempo máximo para me formar [...] e o Prof. Agostinho me aconselhou a mudar de bacharelado em Física para licenciatura. Aceitei a ideia e no semestre seguinte assim o fiz. Foi indo em algumas aulas com Cristina (minha ex-namorada) e tive contato com sua aula pela primeira vez. Até esta época, a ideia que tinha da faculdade de educação é que as aulas eram estranhas e sem propósito e, algumas vezes, alguns alunos do Instituto de Ciências Exatas (Icex) chamavam a FaE de Apae. Depois de conhecer um pouco melhor a FaE, percebi o óbvio: eles estavam errados.

Nesta época, alguns colegas da Física (ex-monitores do observatório) e eu montamos uma empresa de levantamento radiométrico em aparelhos de raio x hospitalares (radioproteção). Felizmente, a empresa deu certo e comecei meu primeiro trabalho de fato fora do meio acadêmico. Até hoje continuo com a empresa, porém trabalhando menos lá devido à falta de tempo.

Durante o período de desânimo total com o Curso de Física, uma saída que encontrei para tentar ficar um pouco mais agradável minha vida na UFMG foi procurar cursos em outras unidades: Educação Física (xadrez), ICB (anatomia humana), Engenharia (aplicação da radiação na medicina), Letras (grego clássico, mas não terminei), Belas Artes (fotografia e laboratório fotográfico). Em todas essas matérias, conseguia tirar boas notas.

As matérias de licenciatura que fiz foram didática, psicologia, sociologia e política, fora as matérias da física (acho que eram mais quatro matérias) [...]. Uma matéria que gostei muito foi a de psicologia. Fiz com a Teca. Identifiquei-me muito com ela. Quando soube que ela era formada em física pela UFMG e em psicologia, resolvi fazer terapia com ela. Como ela já conhecia o ambiente da física e muitos dos professores, entendia bem o que se passava no Icex. As sessões de terapia me ajudaram muito na época.

Outra matéria que me ajudou muito foi a didática. A professora chegou em sala com ideias totalmente diferentes do Icex. Quando ela falou do sistema de avaliação (o portfólio), achei bem interessante a ideia. Como naquele semestre estava fazendo meu primeiro curso de fotografia e sempre estaria com a máquina fotográfica no dia da aula, tive a ideia de fazer um portfólio fotográfico das aulas. Tive essa ideia quando a professora me mostrou umas fotos tiradas por uma aluna no semestre anterior. Eu também já tinha visto os portfólios da turma anterior, pois acompanhei a Cristina na aula de entrega do portfólio dela. Lembro que foi uma aula bem descontraída e muito alegre, com muitos risos (principalmente do portfólio do vaso sanitário que tirou B). Achei muito interessante suas aulas e foi uma surpresa muito boa quando cheguei ao meu primeiro dia de aula e te vi na sala.

Quando pensei em fazer o portfólio, achei que o melhor seria fazer o fotográfico. Nunca fui muito bom em escrever textos (e também não gosto muito de escrever). Minha criatividade para trabalhos na área de humanas nunca foi bom, principalmente envolvendo algum tipo de trabalho artístico. Naquela época, também estava muito empolgado com a fotografia, outro motivo pela minha escolha.

A minha intenção inicial era revelar e ampliar as fotos lá nos laboratórios fotográficos da Escola de Belas Artes. Infelizmente, pela falta de tempo (nessa época já trabalhava), só consegui revelar os negativos, fazendo as ampliações em uma loja convencional. Achei melhor pedir um tom meio sépia nas fotos por achar o efeito mais bonito e interessante que o preto e branco puro. A ideia do álbum foi de fazer um diário das aulas, tentar passar um pouco do quotidiano didático e das coisas diferentes e interessantes que via na sua matéria. Penso que, com as fotos, seria minha melhor descrição do que vivenciei e aprendi durante o Curso de Didática. Achei muito bom da maneira que o curso foi dado. Sem dúvida, foi muito mais proveitoso dessa maneira do que se tivéssemos tido aulas convencionais (seguindo um livro/apostila, seguido de trabalhos e provas formais). Dessa maneira, pudemos vivenciar um pouco mais sobre o assunto e não somente teorizar.

Ao final do curso, selecionei os melhores negativos e os levei numa loja para ampliar. Depois bolei a montagem do álbum e a sequência das fotos (incluindo as fotos da entrada da FaE) com suas respectivas legendas. Como minha letra sempre foi feia, pedi a uma colega que escrevesse no álbum. Acho que a sua matéria teve um saldo positivo bem grande. Realmente gostei muito de ter feito seu curso. Um semestre após ter feito seu curso, me formei em Física (licenciatura). Vi-me aliviado com a formatura. Finalmente consegui sair da universidade.

Como estava trabalhando não pensei muito em fazer mestrado. Fiquei sabendo que estavam abertas as provas de mestrado para o

CDTN/Cnen (Centro de Desenvolvimento da Tecnologia Nuclear/Comissão Nacional de Energia Nuclear) e, como estava trabalhando na área, resolvi tentar. Após estudar um pouco, consegui entrar lá, porém, o professor que tinha em mente para ser meu orientador não iria orientar nenhum aluno naquele ano, pois ele estava fazendo seu *pos-doc*. Procurei outro orientador e acabei indo para a área de combustíveis nucleares. Na minha dissertação de mestrado, estudei uma liga à base de urânio (urânio metálico) para ser usada como combustível nuclear. Gostei muito de trabalhar nesta área. Saí-me muito bem no mestrado (diferentemente da graduação em Física) e fui o primeiro da minha turma a concluí-lo. Uma semana depois da defesa, iniciei meu doutorado no Ipen /Cnen /USP (Instituto de Pesquisa Energéticas e Nucleares), em São Paulo. Continuo trabalhando na mesma linha de pesquisa do mestrado.

Bom, basicamente, minha história acadêmica resumida é essa. Espero não ter sido muito chato e pedante (Depoimento de Bruno Aguiar).

As fotos, dispostas no álbum, evidenciam o que foi fotografado, como foi fotografado e revelam um pouco do fotógrafo observador – no caso o olhar de Bruno, mas não são capazes de contar a sua história, seu processo universitário sofrido, cheio de angústias e de novas tentativas de se ver incluído no ambiente acadêmico. Comenta ele que, durante o período de desânimo total com o Curso de Física, a saída encontrada para tentar ficar um pouco mais agradável sua vida na UFMG foi procurar cursos em outras unidades: Educação Física (xadrez), ICB (anatomia humana), Engenharia (aplicação da radiação na medicina), Letras (grego clássico, não terminado), Belas Artes (fotografia e laboratório fotográfico). Em todas essas matérias, ele conseguia tirar boas notas. Sendo assim, o Curso de Didática acabou por possibilitar que Bruno revelasse seu talento fotográfico, mostrando não só a imagem dos sujeitos fotografados, mas destacando um pouco do que o fotógrafo Bruno era (ou queria perenizar, dar relevância), e aquilo que o sujeito fotografado não era mais. Barthes (1984: 142) diz que "[...] a fotografia é esmagamento do tempo: isto está morto e vai morrer".

Ao folhear o álbum, pode-se perguntar: poderia a fotografia ampliar nossa capacidade judiciosa? Segundo Rousseau (1999), o ser humano adquirirá a capacidade de bem julgar e tornar-se judicioso se desenvolver ao máximo o conjunto de todos os sentidos. Assim, a exemplo do que faz o fotógrafo Muniz (2007), é possível considerar múltiplas possibilidades que a fotografia pode oferecer, aflorando sentimentos, memórias e sensações. Destarte, pode-se dizer que sozinha será um registro de caráter restrito, mas, em conjunto com outros instrumentos de coleta de dados, é capaz de potencializar a capacidade de observação e emissão de valores pedagógicos conquistados pelos estudantes, que retroalimentam o trabalho do professor e as reflexões que dele emanam.

Nesse sentido, o *portfoto* de Bruno, aglutinado à entrevista acima transcrita, apresentou a máquina fotográfica como mais uma possibilidade de registro da prática pedagógica e se aproximou de uma revelação que poderia ter ficado oculta, caso não se tivesse estudado as motivações dele para sua composição iconográfica. As suas fotos mostram claramente o que ele queria transmitir: olha, professores do Icex, é possível avaliar diferentemente, é possível aprender brincando, sorrindo, em grupo, na sala, fora da sala, cantando e teatralizando, poetizando, fotografando...

Assim, Bruno, utilizando os benefícios dos avanços que a tecnologia pôde trazer para as aulas de didática, mais que uma revelação de imagens, sua relação sofrida para sobreviver à universidade (no curso de graduação), vendo-se aliviado na formatura: *Vi-me aliviado com a formatura. Finalmente consegui sair da universidade.*

Numa interligação dinâmica dos saberes técnicos, científicos, tácitos, produziram-se condições de dar visibilidade à experiência em foco tornando possível, após a vivência do seu distanciamento, retomá-la por meio das memórias da docente e dos discentes.

A fotografia como registro reflexivo da prática pedagógica

O projeto acima descrito mostra a importância dos registros escritos e das imagens para marcarem épocas: são recursos de memória sobre atividades acadêmicas, emoções, conquistas... permitindo (re-)ver como a ação docente se constrói, se reconstrói, se retroalimenta.

Os alunos mostraram que, uma vez permitidos os espaços para criação, tempo para pesquisa, investigação e coleta de dados, é possível fazer um território de aprendizagem, em que o aluno aprende a pensar por meio de suas próprias questões e sendo ele aprendente e criador. Fotografando estudantes, manuseando suas fotos e, a partir delas, buscando informações, percebe-se que os registros fotográficos eram significativos para captar e transmitir informações quando se pretende investigar e revelar uma *docência legal* e discentes participantes.

Nas aulas, sempre que se retornavam as fotos aos estudantes percebia-se que algo inusitado acontecia por parte da maioria. Havia muita euforia. Eles queriam ver sua imagem no papel, seu registro fotográfico. Uns poucos olhavam com indiferença. De repente, a câmera fotográfica era instrumento de observação não apenas da professora, mas também de alguns estudantes que se sentiam envolvidos pela arte de fotografar. As aulas passaram a ser observadas e registradas em imagens por diferentes observadores, apropriando-se de diferentes focos. Os estudantes que escolheram a fotografia como objeto de estudo e recurso para registro da prática pedagógica deixaram as marcas de uma representação vivida, capaz de revelar cenas imortais que jamais retornarão, mas que ficarão guardadas nas memórias dos participantes das aulas. As imagens não podem ser lidas como um *reflexo da realidade*, mas apenas como mais um aspecto *daquilo que ocorreu*, uma evidência que colabora no desvendamento do acontecido.

Ao se deparar com as fotografias, apreciá-las, lê-las, apreendê-las, pode-se perceber que a fotografia é um registro prático e atraente para ensino-aprendizagem e apontá-las como instrumento de trabalho para diferentes áreas do conhecimento: fotos dos diferentes relevos, ecossistemas, tempos históricos, expressões corporais variadas, obras de arte, enfim, diferentes imagens podem ser produzidas pelos alunos e/ou copiadas para estudo e saberes múltiplos.

Prezotti e Callisto (2002: 64) desenvolveram um trabalho de pesquisa mostrando o poder da fotografia como um "[...] instrumento do processo de aprendizado, informação e conscientização em educação ambiental e no ensino a distância". Seus resultados sugeriram que o uso da fotografia facilitou fortemente a aprendizagem de conceitos e o reconhecimento dos mesmos por parte dos educandos.

Apesar de se ter poucas referências teóricas apontando a fotografia como instrumento de registro da prática pedagógica de alunos e professores, a experiência narrada neste livro revela uma *descoberta* da fotografia como uma possibilidade pedagógica indelével, de fácil aplicação e retorno quase que imediato das diferentes ações pedagógicas na escola e em sala de aula. A partir das fotos, podem ser feitas análises da prática pedagógica e acompanhamento do desenvolvimento dos alunos(as). Além disso, as fotos podem ser poderosos instrumentos de autoavaliação de alunos e professores. Parece que, ao introduzir o registro fotográfico como auxílio poderoso de registro da vida escolar do aluno, estar-se-á devolvendo aos registros escolares seu caráter investigativo, dinâmico, formador, seu caráter humano. Ao revelar as fotos, agrupando-as nos álbuns e mostrando-as aos alunos e professores, viu-se esse registro fotográfico possibilitar ao estudante se ver em ação, rememorando fatos importantes e/ou desagradáveis, refletindo e buscando novas possibilidades por meio da sua própria imagem. Assim, o registro pareceu deixar de ser só aquele papel impessoal, frio, descontextualizado... e passou a ser documento de identidade. Identidade de aluno que pode formar-se pela reflexão e deformar-se pela ausência de registros mais humanizados.

Segundo Prezotti e Callisto (2002: 64),

> [...] a fotografia é matriz de todos os avanços técnicos, eletrônicos e informáticos. A composição fotográfica é a primeira regra que ordena o olhar do espectador que vê pelos olhos do fotógrafo a imagem que supõe real. Não há, de um lado, a imagem material, única, inerte, estável e, de outro, o olhar. O olhar não é receber, mas colocar em ordem o visível, organizar o sentido.

De forma rápida, quase instantânea, às vezes hilariante... presencia-se o registro fotográfico despertar o interesse de todos os que eram fotografados, sentir a euforia dos jovens ao se perceberem nas fotos. Cada um manifestava uma forma diferente de tratamento dessas imagens que a eles eram retornadas. Pensava-se: por que a escola explorava tão pouco esse tipo de registro não verbal?

Os registros fotográficos poderiam proporcionar aos participantes oportunidades para desenvolvimento da sensibilização a respeito da relação que estudantes mantêm com a academia, seus colegas, seus professores e ainda propiciar uma reflexão sobre os problemas enfrentados na convivência pedagógica na busca de soluções, às vezes, bastante complexas, além de situações de trabalho criativo usando imagens pedagógicas. Fatos importantes que marcaram épocas se valem da imagem como ponto de registro fundamental. Registros que marcam a memória, um fato histórico, emoções, enfim a vida em constante reconstrução e retroalimentação.

De Leonardo da Vinci, com suas ideias que anunciam os princípios básicos da fotografia: uma pequena caixa escura e um pedaço de filme à primeira câmera fotográfica que vai surgir no final do século XIX, até a explosão das fotografias digitais do século XX, o homem foi tendo a possibilidade de registrar tudo o que desejasse a sua volta.

Nas artes busca-se inspiração didática na obra do francês Auguste Rodin que fez uso de 194 fotografias originais para retratar o seu processo criativo em seu ateliê, de 1880 a 1917. Embora de forma rudimentar, o registro fotográfico disponível desvela seu lento processo criativo e direciona o olhar do espectador sobre suas obras. Por meio de um acervo fotográfico que margeia suas esculturas trata, de forma cronológica, das etapas transitórias da criação de Rodin. A partir do momento em que começou a adquirir reconhecimento, o escultor passa a se utilizar da técnica como instrumento de registro e divulgação. Na fase inicial, a maioria das fotografias é feita por fotógrafos anônimos. Kattah (2009)[6], em matéria jornalística, expõe as observações de Hélène Pinet, chefe da área de fotografia do Museu de Paris. Segundo Pinet, sabe-se pouco de como Rodin escolhia os fotógrafos, mas acredita-se que provavelmente eram fotógrafos de bairro, por não serem muito caros. Em muitas fotos, o escultor deixava anotações, títulos e

---

6. KATTAH, E. (2009). "Nova Lima recebe esculturas de Rodin". *Diário de Cuiabá* [on line – www. interjornal.com.br. – Acesso em 15/10/09].

rabiscos, também como parte de seu modo criativo. *Dá para perceber que o processo de criação é muito lento, muito devagar, mas ele vai documentando o testemunho de cada rastro dessa criação* (PINET, apud KATTAH, 2009: 1). A fotografia, nesse caso, foi usada como registro da criação do escultor, mas também passa a ser elemento de uma produção imagética. Numa trama artística, a escultura ganha visibilidade por meio da fotografia desvelando a criatividade do escultor ao possibilitar que o mesmo reveja seu trabalho para (re-)pensá-lo, para (re-)construí-lo. Nesse jogo a fotografia que começa como uma *coadjuvante* na arte de esculpir vai ganhando *status* artístico diante do poder de revelar o ato criador[7].

Outro nome das artes visuais que chama a atenção pela forma indelével de usar a fotografia com recurso criativo é Muniz (2007). Segundo Kaz e Loddi (2009), o artista em questão utiliza materiais inusitados para a arte. Calda de chocolate, pasta de amendoim, caviar ou diamantes são utilizados para recriar grandes ícones da fotografia e da pintura. O resultado são quadros surpreendentes, que nos parecem a um só tempo familiares e estranhos. Lançando nova luz sobre o passado, as fotos de Muniz não deixam de provocar uma reflexão bem-humorada e divertida sobre a nossa forma de ver e compreender as imagens fotográficas construídas pelo artista. O artista desvela a relação da fotografia, da colagem e do desenho com conjuntos temáticos precisos, alguns deles inéditos, como *Imagens de Papel* (a partir de fotografias p&b) e *Quebra-Cabeças*.

> Antes de seu olhar como fotógrafo captar o que se tornará o produto final de sua obra, ele cria um verdadeiro teatro, com cenas, retratos, objetos e imagens, alguns em escala gigantesca, usando elementos tão diversos como papel picado, sucata, molhos e algodão em processos de construção que podem levar semanas ou mesmo meses. Assim, surgiram algumas das obras presentes na mostra, como a Mona Lisa dupla de geleia e pasta de amendoim; o soldado composto por inúmeros soldadinhos de brinquedo; a Medusa de macarrão e molho marinara; o *Saturno devorando um de seus filhos*, de Goya, refeito com sucata; e retratos das atrizes

---

7. "A relação de Rodin com a fotografia". *O Estado de S. Paulo*, 14/08/09 [Disponível em http://www.af.rec.br/noticias.kmf?cod=8791398&indice=0].

Elizabeth Taylor e Monica Vitti compostos por milhares de pequenos diamantes (MASP, 2009)[8].

Para Muniz (2007) a relação com o material não é acidental. Segundo ele, o artista faz só metade da obra, o observador faz o resto e observa: "Eu faço arte para poder observar pessoas a observarem minhas obras" (MUNIZ, 2007: 64). A obra desse artista é visualmente impactante e conduz o expectador a pensar para além da imagem vista imediatamente. Levando o humor a sério, Muniz (2007) deixa sua marca no universo das artes ao registrar o mundo ao seu redor, recriando-o de maneira irreverente e inusitada. Poder-se-á fazer uma tradução dessas experiências artísticas supracitadas – de Auguste Rodin e de Vik Muniz – para ser utilizada em sala de aula no processo de criação nas diferentes áreas do conhecimento? Para Prezotti e Callistti (2002), Muniz (2007) e Rodin a fotografia pode ser usada com uma oportunidade formativa – instrumento de pesquisa nos diferentes campos da ciência e também uma forma de expressar artisticamente o feio e o belo, o horror e a paz, construções e desconstruções... permitindo rever a cena e analisá-la e/ou apenas imortalizá-la, como faz Muniz (2007) em suas elaborações fotográficas. "Não há, de um lado, a imagem material, única, inerte, estável e, de outro, o olhar. O olhar não é receber, mas colocar em ordem o visível, organizar o sentido" (PREZOTTI & CALLISTO, 2002: 64). Seria preciso usar todos os sentidos para se fazer boa uma avaliação? Rousseau (1999) nos chama a atenção sobre os cuidados que se deve ter com o olhar e a forma como dele se faz uso.

> Com um rápido olhar um homem abarca a metade de seu horizonte. Nessa multidão de sensações simultâneas e de juízos que elas provocam, como não nos enganarmos sobre nenhum? Assim, a visão é de todos os nossos sentidos o mais falível, exatamente porque é o mais extenso e, precedendo de muito todos os outros, suas operações são rápidas e amplas demais para poderem ser retificadas por eles. Além disso, as próprias ilusões da perspectiva são-nos necessárias para chegarmos a conhecer a extensão e

---

8. Cf. mais informações em http://www.masp.art.br/exposicoes/2009/vik/ • http://www.estadao.com.br/noticias/arteelazer,mostra-no-masp-celebra-20-anos-de-carreira-de-vik-muniz,359230,0.htm

comparar as suas partes. Sem as falsas aparências, nada veríamos em profundidade; sem as gradações de tamanho e de luz, não poderíamos avaliar nenhuma distância, ou melhor, não haveria distância para nós. Se de duas árvores iguais aquela que estivesse a cem passos de nós parecesse-nos tão grande e tão nítida quanto a que estivesse a dez, nós as situaríamos uma ao lado da outra. Se percebêssemos todas as dimensões dos objetos pela sua verdadeira medida, não veríamos nenhum espaço e tudo nos pareceria estar junto aos nossos olhos (ROUSSEAU, 1999: 163).

Jean Jacques Rousseau, no século XVII, já descrevia a importância do olhar e, ao mesmo tempo, os cuidados que o homem deve ter para não se deixar levar pela extensão do olhar, sem que para isso tivesse outras referências. Em sequência ao texto acima transcrito diz que uma forma de minimizar os erros que a visão pode cometer seria "[...] subordinar o órgão visual ao tátil e reprimir, por assim dizer, a impetuosidade do primeiro sentido pelo movimento lento e ordenado do segundo" (ROUSSEAU, 1999: 152). Em outro trecho do livro *Emílio, ou da educação* ele vai mais além, dizendo que, ao desenvolver ao máximo o conjunto de sentidos, o ser humano adquirirá a capacidade de bem julgar.

Sabe-se que o ato de observar é o primeiro momento do ato de avaliar/registrar. Nesse sentido, eu olho, seleciono o objeto observado e registro as primeiras impressões. Essa sequência pode sofrer diferentes variações. Observa-se e gesticula-se. Observa-se e *fala-se* com o olhar. Observa-se e silencia-se. Observa-se e verbaliza-se. Observa-se e sente-se. Sente-se e ouve-se. Observa-se e registra-se. Quando se observa e se registra, pode-se usar diferentes sentidos como proposto por Jean Jacques Rousseau. Olha-se e vê-se, toca-se e sente-se, escuta-se e ouve-se. Com a mão segura-se a máquina fotográfica, a filmadora, o gravador, o lápis e o papel, a régua, a tinta, a gravura, a fotografia... e foco o objeto em atenção, registrando o momento pesquisado, admirado, analisado. Quando assim se faz, possibilita-se guardar imagens daquele momento, que pode servir como memória histórica, dados para estudos, avaliação, autoavaliação, reflexão do momento vivido. Além da ideia da fotografia como memória, ela também cria uma possibilidade interativa. O observador como *espectator* da obra: o artista faz parte da obra e o observador faz o resto (MUNIZ, 2007).

Os projetos trabalhados na sala de aula fazem reportar ao trabalho de Freinet (1979), que buscava na experiência coletiva os elementos necessários para uma aprendizagem crítica e dialética, por intermédio de uma pedagogia popular e democrática. Sua proposta pedagógica tinha dois conceitos básicos: *trabalho e livre expressão*. Desse modo, não se preocupava com a quantidade de conteúdos aprendidos, mas com um processo educativo que de fato produzisse aprendizagens. Essa deveria ocorrer seguindo três estágios que deviam se interpenetrar: *a experimentação, a criação e a documentação*.

> Enquanto a experimentação e a criação são atividades mais comuns, a documentação só é obtida por meio de registros como o livro da vida, a ficha, o jornal, a correspondência, os intercâmbios interescolares, as fotografias e outros meios e materiais. A documentação representa a tomada de consciência de alguma experiência realizada, ajuda o conhecimento a avançar até lugares distantes com audácia e segurança. No entanto, quase não é praticada no ambiente escolar (FREINET[9], apud ELIAS, 1998: 116).

Pode-se dizer que, com esses trabalhos, tal como proposto e experimentado por Freinet (1979), os alunos foram desafiados a usar o recurso metodológico para investigar um problema e passam a aplicar (tendo consciência desse fato) os pressupostos da avaliação formativa na prática pedagógica. Paulatinamente, observam-se os registros desse processo sendo produzido coletivamente. As fotos feitas desse momento conseguem representar o que foi para os alunos vivenciar na prática a tessitura dos projetos de trabalhos: o dinamismo, a alegria, a irreverência, a ousadia, a competência, o espírito de coletividade, o interesse pela aula, a disposição para o conhecimento e exploração das habilidades presentes nos diferentes ciclos da vida humana.

---

9. FREINET, È. *O itinerário de Célistin Freinet.* Rio de Janeiro: Francisco Alves, 1979.

5
A FOTONOVELA *TEMPO DE DESPERTAR*

Este capítulo pretende dar continuidade à discussão levantada no capítulo 4, agora sobre o foco da relação pedagógica e o uso das Tecnologias Digitais de Informação e Comunicação (Tdic) e seus desencadeamentos sobre as práticas avaliativas na universidade, sendo, no caso em questão, o uso das fotografias como uma estratégia importante para a meta-avaliação em atividades pedagógicas acadêmicas. Debater-se-á um terceiro projeto de aprendizagem que tiveram nas fotografias sua principal orientação, sendo elas produzidas e/ou tratadas pelos próprios atores. Em destaque será apresentado um trabalho realizado por um grupo de estudantes do Curso de Biologia da Universidade Federal de Minas Gerais – a fotonovela *Tempo de despertar*. Como resultado apresenta-se uma produção, feita em CD-Rom, Power Point, um rico processo de composição lúdica sobre a profissão do professor do Ensino Superior. Discorre-se reflexivamente sobre as fotografias como registro reflexivo da prática pedagógica, por intermédio do tratamento dado a elas pelos estudantes numa interlocução das Tdic, a apropriação dos projetos de aprendizagens e da elaboração de seus portfólios, culminando-se com a *revelação* de uma pedagogia do encantamento. Desvela-se um trabalho capaz de possibilitar a comunicação entre professor e estudante, estudantes e estudantes, comunidade acadêmica etc., ao mesmo tempo em que atuou como regulação do processo educativo e como instrumento de avaliação eficiente, propiciando uma análise contínua dos progressos individuais e coletivos, num processo de registro irreverente, criativo, desafiador e diversificado.

Projeto 2 A fotonovela *Tempo de despertar*

> Foi muito satisfatório participar da produção da fotonovela. No começo o grupo estava um pouco desarticulado, sem entender direito o que era o projeto, mas depois de decidirmos que iríamos fazer uma fotonovela tudo correu mais facilmente. Foram momentos de exposição quando mostramos, falamos de nossas angústias e problemas. Mexemos com outras pessoas e despertamos sentimentos. Espero me tornar um elemento colorido de verdade para os meus futuros alunos... não darei respostas prontas, mas tentarei despertar o que realmente importa para com um! (Portfólio de Lara.)

Os estudantes mobilizaram uma diversidade de saberes que compõem a formação dos seres humanos, ao apresentarem o produto de seus projetos. Dessa forma, os estudantes criaram possibilidades que eles mesmos reconhecem como alternativas e significativas. Melucci (1997: 5) representa uma codificação socialmente produzida que intervém na definição do eu, afetando a estrutura biológica e motivacional da ação humana.

> Ao mesmo tempo, existe uma crescente possibilidade, para os atores sociais, de controlarem as condições de formação e as orientações de suas ações. A experiência é cada vez mais construída por investimentos cognitivos, culturais e materiais. A tarefa não é somente da ordem da dominação da natureza e da transformação da matéria-prima em mercadoria, mas, sim, do desenvolvimento da capacidade reflexiva de produzir informação, comunicação, sociabilidade, com aumento progressivo na intervenção do sistema na própria ação e na maneira de percebê-la e representá-la. Podemos falar da produção da reprodução[1].

Ao produzirem seu projeto de trabalho, os estudantes tiveram como objetivos desenvolver um projeto que integrasse educação e arte, por meio da produção de uma fotonovela que abordasse temas problemáticos do

---

1. Melucci (1997), na introdução de seu artigo, analisa os conflitos e movimentos sociais em sociedade.

processo educacional dos alunos participantes, produzindo uma obra contextualizada e que fosse capaz de refletir sobre as realidades dos sujeitos. Além desses objetivos, ao realizar nuances de intervenção no Instituto de Ciências Biológicas (ICB/UFMG) durante a realização das fotografias, como seres vestidos de formas estranhas, desejavam saber se seriam percebidos e se as pessoas iriam interagir.

A primeira reunião do projeto foi realizada em sala de aula. Os estudantes discutiram durante muito tempo e foi difícil gestar a ideia. Posteriormente, pensaram em trabalhar com intervenções e suas implicações para o processo educativo. Fizeram mais quatro reuniões subsequentes, em que o grupo não conseguiu realizar grandes processos, até que a autora desta tese sugeriu aos alunos que montassem uma fotonovela para debater o tema: Avaliação no Instituto de Ciências Biológicas (ICB). A partir dessa sugestão, o grupo estruturou um roteiro de uma fotonovela com nuances de intervenção. O Instituto de Ciências Biológicas foi escolhido como cenário, porque o grupo o considerou como um dos locais mais rígidos, *conservadores e deturpadores da autoimagem e criatividade dos estudantes* (DSC, em 2004)[2].

As características dos diferentes personagens foram delineadas da seguinte maneira.

Personagens

Aluno 1: Extremamente preocupado com os estudos, mas principalmente com os aspectos da nota, conceitos, saber tudo que o professor pergunta e quando não consegue conceito A quase desfalece. Também se preocupa muito com sua colocação profissional depois da graduação, como se fosse a coisa mais importante da sua vida.

Alunos 2 e 3: Representam alunos intermediários que se preocupam com os aspectos citados pelo aluno 1, mas que nem sempre conseguem boas notas e terminam por tomar outras atitudes.

---

2. Faz-se importante ressaltar que, dos seis integrantes do grupo, cinco eram graduandos em Ciências Biológicas.

Tais alunos podem se utilizar de vários tipos de escapes para esquecer seus problemas.

Aluno 4: É o aluno que não se importa com nada, notas, carreira etc. Utiliza-se de escapes ou porque gosta ou porque, na verdade, se angustia com a sua situação de exclusão.

Professor: Representa o pior tipo de professor que existe. Só considera como seres humanos alunos que conseguem decorar tudo. Ele só leciona por obrigação, porque os professores da UFMG são obrigados a lecionar para ocuparem o cargo de pesquisador. Ele preocupa-se majoritariamente com retorno financeiro e em satisfazer seu ego de pesquisador.

Elemento colorido: Ser que não pode ser descrito a partir da lógica humana vigente. Não se reconhece sua real natureza, elemento de intervenção, de mudança. (Projeto de trabalho dos(as) estudantes Ana Flávia, Danielle, Daniela, Jorge Luis, Lara e Letícia.)

Veja na íntegra, a partir da página seguinte, como ficou a produção da fotonovela – TEMPO DE DESPERTAR: EU SUJEITO DA VIDA

A fotonovela produzida pelos estudantes em cumprimento a uma atividade prevista para ser executada no Curso de Didática apresentou-se como um trabalho que, fazendo uso de *novas tecnologias e arte* colocou em foco uma linguagem irônica sobre os tempos e espaços – focados na avaliação tradicional – vividos por estudantes e professores no ICB/UFMG. Esse registro foi uma forma criativa, descontraída, hilária e muito irreverente de apresentar a relação professor-aluno e a relação com o conhecimento, na referida unidade acadêmica.

Ao ler e apreciar a fotonovela viu-se o figurino cuidadosamente preparado de acordo com seus personagens. Os alunos usavam uma coroa grande na cabeça com a inscrição do Rendimento Semestral Global – RSG e um número de matrícula de peito – ano de entrada destacado; cabelos muito bagunçados e grandes olheiras roxas; escapes utilizados – álcool, cigarro e religião. O elemento colorido usava roupas muito coloridas (representando um contraponto ao formato avaliativo representado na instituição). O professor é representado por uma mulher *baranga*, com um crachá de *PhDeus*.

MEG
PROFISSÃO: estudante
GRAU DE INTERESSE: mínimo
ANO DE ENTRADA: 1997
PERÍODO: 5º
HOBBY: ir ao buteco da bio.
PERSONALIDADE: não está nem aí pra nada, nem se estressa com provas ou afins.
PLANO DE VIDA: arrumar um homem velho e rico.

GIBA
PROFISSÃO: estudante
GRAU DE INTERESSE: mediano
ANO DE ENTRADA: 2002
PERÍODO: 6º
HOBBY: viajar e "viajar"
PERSONALIDADE: tenta, mas não consegue atingir seus objetivos. Sente-se frustrado.
PLANO DE VIDA: viajar para Medelin e se tornar funcionário público.

VANDINHA
PROFISSÃO: estudante
GRAU DE INTERESSE: mediano
ANO DE ENTRADA: 2001
PERÍODO: 6º
HOBBY: filmes de terror
PERSONALIDADE: frustrada por não ser a melhor aluna da sala e não ser elogiada pelos professores.
PLANO DE VIDA: se tornar professora.

DECORATINA
PROFISSÃO: estudante
GRAU DE INTERESSE: máximo
ANO DE ENTRADA: 2003
PERÍODO: 8º
HOBBY: estudar, estudar e estudar.
PERSONALIDADE: indefinida. Só estuda.
PLANO DE VIDA: tornar-se PhD em Harvard.

MONEYRA
PROFISSÃO: professora/pesquisadora
GRAU DE INTERESSE: mínimo/máximo
ANO DE ENTRADA: não revelado.
HOBBY: ganhar e gastar dinheiro. Sexo casual.
PERSONALIDADE: só dá aula por obrigação. Só quer satisfazer seu ego de pesquisadora.
PLANO DE VIDA: ganhar o Prêmio Nobel.

?
ELEMENTO COLORIDO
Não se conhece sua real natureza, nem os motivos que o fazem aparecer.
Pode estar associado à mudança, transformação.

O grupo "Educação e Arte" orgulhosamente apresenta:

TEMPO DE DESPERTAR

Era uma vez... sujeitos diferentes, com problemas e histórias diversos...

...o mesmo ambiente opressor e com oportunidades restritas... e uma história se deu...

Local: Universidade

Para Meg, que não está nem aí, a coroação é uma mera brincadeira. Ela só pensa no Buteco.

Vandinha: se apega à religião...

Meg: Se rende ao vício do álcool...

Decoratina: Como não fazia mais nada, continuou estudando...

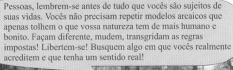

Depois do encontro misterioso...

Horas depois, na grama da escola... terá sido sonho ou realidade...

Os alunos partem em busca de novos caminhos...

Eu sei que eles terão muitas dificuldades para seguir caminhos alternativos. Mas todos devem ter coragem de enfrentar novos desafios em busca de um ideal!

E o elemento colorido... voltou para seu mundo!

FIM

CRÉDITOS

LARA
– *Moneyra e Elemento Colorido*
– *Edição*

ANA FLÁVIA
– *Edição*

DANIELA
– *Meg*

JORGE
– *Giba*

DANIELLE
– *Decoratina*
– *Edição*

LETÍCIA
– *Vandinha*

PRODUÇÃO

Elaboração do Figurino

Edição

Figuras de 24 a 32 – Fotonovela produzida pelos(as) estudantes Ana Flávia, Danielle, Daniela, Jorge Luis, Lara e Letícia.

As partes principais da fotonovela foram cuidadosamente elaboradas apresentando as seguintes cenas:

Cena 1: Na introdução há uma apresentação dos personagens;

Cena 2: ICB, alunos chegando para as aulas;

Cena 3: Aula, professor gesticulando, aula chata, professor e alunos entediados;

Cena 4: Professor *coroando* os alunos RSGs, para mostrar que o valor dos alunos é a nota;

Cena 5: Alunos saindo da sala com um jeito influenciado pela RSG que recebeu;

Cena 6: Alunos fazem diferentes escapes;

Cena 7: Aparece elemento de intervenção (dúvidas se o elemento apareceu mesmo ou se é "viagem" em decorrência do uso dos escapes);

Cena 8: Final.

A montagem da fotonovela foi feita com materiais acessíveis: 1) fotos tiradas em câmera digital; 2) figurinos feitos de materiais simples e *caseiros*; 3) edição e montagem realizada em programa de fácil acesso: Power Point e Paint, Windows 2000. O resultado foi a apresentação da fotonovela em arquivo em Power Point. Segundo os participantes do grupo, durante a realização da fotonovela, o grupo interviu no cotidiano do ICB. Os estudantes questionaram símbolos muito fortes da academia e segundo eles as pessoas reagiam de diferentes modos, entre eles:

1) distanciamento: olhavam e se afastavam;

2) curiosidade 1: paravam e ficavam observando;

3) curiosidade 2: perguntavam aos estudantes o que estavam fazendo.

Como reações marcantes, os estudantes destacaram as falas das pessoas que observavam as cenas.

> **Um funcionário:** – Gente, que legal o que vocês estão fazendo [...] (olha para nossas roupas) [...] nossa *PhDeus*, vocês vão mexer com esse povo [...] (perguntamos se ele quer participar) não posso, tenho muitas coisas que fazer.

Um professor (de alto gabarito): – O que vocês estão fazendo (explicamos) [...] é, espero que vocês não nos comprometam com este tipo de coisas.

Alunos da sala da aula em que entramos: Um aluno, curioso com nossa representação em sala de aula, veio perguntar: – O que vocês estão fazendo? Ao dizer que se tratava de um trabalho, sua feição foi de espanto, e ele perguntou: "mas que matéria é; pra vocês fazerem esse tipo de representação?" Ao responder, ele achou muito interessante, pois nunca havia feito nada parecido (Projeto Fotonovela dos(as) estudantes Ana Flávia, Danielle, Daniela, Jorge Luis, Lara e Letícia).

Nas falas do funcionário, do professor e do aluno, de todos os que observavam as cenas, destaca-se um jogo de contraste com as palavras, brinca-se com as representações de poder emanadas de cada cargo. A imagem destacada pela fotonovela é uma metáfora do papel de poder ocupado pelo professor e subserviência dos estudantes e funcionários. É importante destacar que cada *slide* (*imagens da fotonovela*) apresenta um pouco da relação professor-aluno, numa perspectiva verticalizada e opressora da educação, apontando as consequências na vida dos estudantes que têm que buscar em diferentes formas de escapes uma maneira de sobreviver ao *stress* acadêmico. Todos esses aspectos apresentados num formato cômico conseguiram retratar (das metáforas à realidade, em meio a um *slide fotográfico* e outro a *fotonovela acadêmica*) *slides* recheados por uma denúncia dos estudantes diante da naturalização da docência. A seguir veja-se o que dizem os estudantes na conclusão do trabalho.

Realizar um trabalho como esse não é fácil, desde a sua iniciação até sua montagem. Tivemos que romper com nossos próprios valores, com aquilo que considerávamos *ridículo*. Mas ele foi ao mesmo tempo prazeroso; uma vez que, ao rompermos com tais barreiras, nos sentíamos mais livres para expressar aquilo que realmente pensamos, sem ter medo da repressão. Além disso, a importância desse trabalho não está retida apenas aos componentes do grupo; pois conseguimos, por meio dele, despertar muitas outras pessoas para a necessidade de mudar. Cabe agora a cada um descobrir como (Excerto do projeto de trabalho produzido pelos(as) estudantes Ana Flávia, Danielle, Daniela, Jorge Luis, Lara e Letícia).

Pode-se perceber que os estudantes tiveram que vencer o medo para implementar a denúncia da pedagogia que oprime, que enclausura. Com os dados da fotonovela, os estudantes movimentaram a natureza profissional do docente sutilmente, com ousadia, clareza e simplicidade. As questões abordam com profundidade os conflitos com os quais os professores têm convivido. Ser um professor tradicional? Ser Plural (elemento colorido)? De repente, viu-se que os professores estavam sendo convidados a se perguntar sobre indagações inerentes a seu ofício e a elas responder.

Os estudantes, por meio da fotonovela, satirizam a Professora Moneyra, seu estilo *decorativo* (vem de decorar a matéria) de dar aulas (*ai, que tédio! Eu perdendo meu tempo com esses seres ignóbeis...*), de premiar os estudantes *caxias* (aqueles que têm chance de...) em detrimento dos de graus medianos (*massa medíocre, desse jeito vocês não chegarão a lugar algum!!!*). Além dos já destacados, percebe-se que esse trabalho se tornou um instrumento de diálogo entre esse grupo de alunos e os professores: os alunos tiram proveito da revista e mandam recados para os professores: dá para fazer diferente? Eles apontam que sim. Rompendo com a estrutura tradicional, mudando *suas roupagens*, a maneira de agir, *passaram a despertar muitas outras pessoas para a necessidade de mudar. Cabe agora a cada um descobrir* e elaborar uma construção pedagógica original e emancipadora.

Assim sendo, não só se divertiram diante do desafio de produzir o *clip* como se tornaram produtores de um saber educativo. Esse fato dá a esse trabalho um caráter pedagógico valioso, na medida em que passa a ser o estudante responsável por um processo que está repleto de sentidos e significados, em que o ato de conhecer traz a consciência do tema em debate; em que o conhecimento que se construiu não mais era produto de um ato individual (como viu-se inúmeras vezes acontecer nas salas de aulas), mas, para produzir a fotonovela, houve intercomunicação, intersubjetividade, tornando a ação educativa dialética.

> *En la medida em que una propuesta se centra en el aprendizaje (autoaprendizaje e interaprendizaje) y no em La enseñanza, el rol*

protagónico del proceso se desplaza del docente al educando. Este solo hecho abre el camino al acto educativo, entendido como construcción de conocimentos, intercambio de experiencias, creación de formas nuevas. Y es precisamente ese protagonismo, ese quehacer educativo, el que permite una apropriación de la historia y de la cultura (PEREZ & CASTILHO, 1999: 43).

A proposição de Perez e Castilho (1999) vai ao encontro dos resultados do projeto, uma vez que o mesmo transformou-se em um instrumento de possibilidades – oportunidades formativas – para que os docentes possam, por meio da análise dessa metáfora, registros digitais, escritos e iconográficos, refletir sobre que concepções de ensino suas ações e gestos profissionais carregam... e se formem a partir de elementos constituídos pelos próprios professores e organizados pelos estudantes (aprendizagem).

Com isso, eles nos mostram a riqueza de saberes que experimentaram, produzindo o que Perez e Castilho (1999) denominam de autoavaliação e interaprendizagem e que muitas vezes estão ausentes na academia, como o exemplo da denúncia disposta no *clip educação e arte*. Para Masetto (2000) o estudante deve ser estimulado ao protagonismo nas ações educativas.

> O aluno, num processo de aprendizagem, assume papel de aprendiz ativo e participante (não mais passivo e repetidor) de sujeito de ações que o levam a aprender e a mudar seu comportamento. Essas ações, ele as realiza sozinho (autoaprendizagem), com o professor e com seus colegas (interaprendizagem). Busca-se uma mudança de mentalidade e de atitude por parte do aluno: que ele trabalhe individualmente para aprender a colaborar com a aprendizagem dos demais colegas, com o grupo, e que ele veja o grupo, os colegas e o professor como parceiros idôneos, dispostos a colaborar com a aprendizagem (MASETTO, 2000: 141).

Com isso, eles nos mostram a riqueza de saberes que experimentaram, mas que estão ausentes na academia, como o exemplo do *clip educação e arte*, porque a academia não consegue dialogar suas vozes. Assim, Santomé (1998: 131) lembra: são vozes ausentes por causa da "[...] presença abusiva das denominadas culturas hegemônicas [que acabam por silenciar] as vozes dos grupos sociais minoritários e/ou marginalizados". Indo ao encontro das ideias abordadas acima, conclui que

> é preciso construir práticas educacionais para que os alunos e alunas desmascarem as dinâmicas políticas, históricas e semióticas que condicionam nossas interpretações, expectativas e possibilidades de intervir na realidade. Os estudantes têm conhecimentos prévios, conceitos, experiências de vida, concepção de vida, expectativas, preconceitos aprendidos fora da escola, nos contextos familiares, de bairro e especialmente na mídia. Uma escola antimarginalização é aquela na qual todo esse conhecimento prévio, quase sempre adquirido de maneira passiva, é comparado com a ajuda da crítica, construído e reconstruído democraticamente, levando sempre em consideração as perspectivas de classe social, gênero, sexualidade, etnia e nacionalidade (SANTOMÉ, 1998: 150).

Esse trabalho vai ao encontro do processo interativo de ensino-aprendizagem apontado por Perez e Castilho (1999) e por Masetto (2000), uma vez que anuncia as aprendizagens assimiladas e revela nuances relevantes na condução de uma prática pedagógica inovadora a seguir destacada.

1) Ao trabalharem em grupo, desenvolveram os *conteúdos do saber* (conceituais): compreensão da importância da ação individual e grupal na formação docente e as implicações que dela decorrem.

2) Estabeleceram elos de ligação entre o significado do trabalho em grupo e os requisitos pessoais (desejáveis) para tal.

3) O *saber fazer* (conteúdos procedimentais) foi desvelado na construção da fotonovela, usando as Tdic, numa linguagem adequada, compreensível (às vezes em padrão culto, às vezes popular...), evidenciando uma comunicação eficiente e demonstrando a compreensão dos conceitos básicos e os *passos* adequados para a elaboração de um projeto de trabalho, respeitando as exigências éticas para um trabalho em grupo.

4) O papel docente, neste contexto, consistiu em atuar como um *artista* cuja arte consiste em ajudar os estudantes a desenvolver-se como pes-

soas pensantes, críticas, independentes, criativas e audazes, capazes de buscar significado para suas vidas e não somente contentar-se com o que recebem como conhecimento de seus pais e professores.

5) As fotos feitas desse momento conseguem representar o que foi para os alunos vivenciar na prática a tessitura dos projetos de trabalhos: o dinamismo, a alegria, a irreverência, a ousadia, a competência, o espírito de coletividade, o interesse pela aula, a disposição para o conhecimento e exploração das habilidades presentes nos diferentes ciclos da vida humana.

6) O resultado do projeto, como vimos anteriormente, transformou-se em um instrumento de possibilidades – oportunidades formativas – para que os docentes possam, por meio da análise dessa metáfora, registros escritos e iconográficos, refletir sobre que concepções suas ações e gestos profissionais carregam... e se formem a partir de elementos constituídos pelos próprios professores e organizados pelos estudantes.

Desenvolver um tema a partir do trabalho com projeto significa, na visão dos estudantes, ter controle dos conhecimentos adquiridos, capacidade de criar, romper a timidez e criar *asas*...

> Ao final do curso, tinha o controle dos conhecimentos adquiridos. Criar era uma questão de tempo. Nesse momento, os temas eram pensados de uma forma não mais rígida. Finalmente consegui participar de um projeto de trabalho, especialmente o da *Criança*. Participei das brincadeiras me divertindo, o que antes era coisa impensável, tanto pelos conceitos formais de aula quanto pela minha timidez. Ganhei asas e voei rumo ao horizonte sem me preocupar com nenhuma barreira (Autoavaliação do estudante Sidney).

Na congruência dessa definição conceitual feita pelos atores de forma prospectiva, pode-se dizer que as intenções se aproximaram da real situação vivenciada na prática: trabalhou-se a complexidade do pensamento por meio de observações, associações, induções e diferentes expressões; deu-se oportunidade aos estudantes de diversificar sua metodologia de trabalho e experimentar dinâmicas diferenciadas que possibilitassem a discussão nos grupos, mobilizando diferentes dimensões da formação humana.

CONCLUSÕES

Os resultados apresentados neste livro não esgotam todas as possibilidades de análise em torno da experiência vivida, mas mostram algumas tendências de como a avaliação de aprendizagem realizada por meio de portfólio pode estar na vanguarda das transformações das relações pedagógicas escolares e suavizar as marcas deixadas por uma avaliação ansiogênica no Ensino Superior. Com os registros enfim sistematizados, fizeram-se algumas considerações finais, porque o processo vivido foi mais complexo do que se torna possível registrar nos limites deste texto.

Trabalhar o registro desta experiência foi extremamente gratificante, pois um conjunto de sentimentos esteve muito presente em sua confecção: amor, respeito, ética, dedicação, encantamento... enfim, proximidade com o objeto de análise. Inicialmente os discentes mostraram-se desconfiados, céticos, arredios em relação à proposta didática, mas, após alguns contatos, já era possível perceber a transformação: olhos brilhantes e curiosos, atitude de acolhida, consideração e manifestações de respeito. Essas atitudes não se configuravam contra ou a favor da docente, mas com aquilo que ela passou a representar: a possibilidade de exercerem sua autonomia, de realizarem uma ação pedagógica diferente das experenciadas anteriormente, de uma nova possibilidade de ver o mundo... todas essas abertas pela educação diferenciada.

Registrar as experiências compondo um portfólio de trabalho revelou o amadurecimento do grupo, que não se preocupava em mostrar qualquer produto final e, sim, em registrar um momento, fragmentos de um processo compreendido sempre provisório. É por essa e por inúmeras outras razões que os sujeitos sentiram-se privilegiados pela oportunidade de participar dessa rica experiência.

A implementação dos portfólios nas aulas de didática: da resistência à flexibilidade

As memórias trazidas nos capítulos anteriores mostraram os aspectos ligados à importância da flexibilidade docente no sentido de implementar novas propostas educativas. Aceitou-se experimentar o processo *transitório* de substituir a mesmice da relação pedagógica e do formato avaliativo acadêmico pelo complexo processo didático presente na construção de portfólios de aprendizagem. Paradoxalmente, viu-se os estudantes resistirem à proposta na medida em que não conseguiam apropriar-se da concepção de educação que norteava essa modificação, mesmo sendo ela acordada como necessária e possível nas duas primeiras aulas. Ou seja, num primeiro momento, aceitam participar da implementação da proposta, mas, na prática, se mostravam resistentes, apresentando dificuldades que, algumas vezes, chegaram a impedir a boa condução do trabalho. Entendeu-se que isso ocorreu porque a concepção de educação dos estudantes não se adequava à proposta e também porque não sabiam como concretizar as ações em novo formato, conforme programado para o curso. Os estudantes revelaram sua ambiguidade entre o continuísmo e a flexibilidade, ainda em sua formação inicial. Tal relação é comentada por Nóvoa (1992: 17). Ele diz que, em relação aos professores em serviço, "[...] [eles] são, paradoxalmente, um corpo profissional que resiste à moda e que é sensível à moda. A gestão deste equilíbrio entre a rigidez e a plasticidade define modos distintos de encarar a profissão docente". Esse mesmo autor afirma que a ação pedagógica do professor será influenciada "[...] pelas características pessoais e pelo percurso de vida profissional de cada professor... e que o processo identitário dos professores pode ser sentido pela *Adesão, Ação e Autoconsciência*" (NÓVOA, 1992: 16). *A adesão* determina os princípios e valores dos professores. *Na ação*, a postura do professor é sentida por sua forma de trabalhar, pelo jeito como conduz a prática pedagógica, evidentemente, a que mais for adequada ao seu estilo de exercer o magistério. *A autoconsciência* é o processo que pode levar a mudanças, pois pode provocar a reflexão da ação. Os estudantes, em seus sentimentos e manifestações, antes mesmo de experimentarem o exercício profissional, deram pistas do quanto parece difícil implantar qualquer transformação pedagógica, evidenciando que sua aceitabilidade de incorporação carece de tempo[1]. Para tanto, é preciso (re-)construir identidades, acomodar inovações e assimilar mudanças. Percebe-se que esse é um processo complexo de apropriação da história pessoal, registro da memória estudantil que já se constrói naturalizando a docência profissional do professor (DIAMOND[2], apud NÓVOA, 1992).

Na apresentação desta memória, as atitudes dos estudantes, ao se formarem para a profissão docente, revelaram que eles se mostravam confusos, dispersos em alguns casos, desmotivados, ansiosos, alguns (poucos) descrentes do seu futuro no trabalho, mas também constatou-se que eles estavam querendo encontrar, conquistar, produzir alternativas que os fizessem acreditar em uma educação diferente, algo que os satisfizesse pessoalmente e que coproduzisse perspectivas para sua profissão. Percebeu-se que, ao formatar essa experiência, lançou-se uma semente no *solo pedagógico fértil*. Agora, resta dar tempo ao tempo e colher os frutos dessa *plantação*.

Implementando uma *nova didática*

Nos dados apresentados pelo registro desta experiência ficou evidenciado pela ação dos sujeitos envolvidos que, ao ser implementada uma *nova didática*[3], as atenções pedagógicas se voltaram para a percepção da totalidade das dimensões do ser humano: a dimensão técnica, ética, estética, política[4], moral, cognitiva, social, emocional, corporal... para buscar uma formação mais plural, mais total. Essas dimensões ficaram claras quando os estudantes foram estimulados a ler e ver o que são projetos de trabalho e a utilização diferenciada da fotografia na sala experienciando posteriormente dezenas deles. Num cenário de transformações e *transgressões*, essa

---

1. Muitos docentes constroem suas referências sobre como ser professor com base nos modelos de docência que tiveram ao longo de suas vidas escolares. Lüdke (1997), ao realizar uma pesquisa sobre a socialização dos professores do Ensino Fundamental, indagou: "[...] Que força têm os bons (e maus) professores como modelos marcantes para o trabalho do futuro professor? (LÜDKE, 1997: 112).

2. DIAMOND, P.C.T. (1991). *Teacher education as transformation*. Milton Keynes: Open University Press.

3. Usaram-se como referência as definições de Candau (2000).

4. Tomou-se como referência que a ação docente está incorporada por diferentes dimensões: técnica, estética, política e ética (RIOS, 2001).

nova didática foi se constituindo, reordenando tempo/espaço, a relação professor/aluno, currículo, avaliação... Sendo assim, usando os portfólios de aprendizagens, um conjunto de ações que foram sendo compostas, colocadas em prática pela professora e estudantes no sentido de *renovar* o cotidiano das aulas de Didática de Licenciatura e coletivamente efetivou-se uma Proposta Político-Pedagógica de trabalho, fundamentada nos seguintes princípios formadores:

1) formação humana em sua totalidade;
2) a universidade como espaço de encontro e produções individuais e coletivas;
3) nova identidade na formação profissional;
4) avaliação formativa.

De acordo com os princípios supracitados, os espaços acadêmicos abrem-se para vivências culturais, avançando na recuperação de sua função como espaço público privilegiado de cultura e centrando-se não na transmissão/recepção de informações e saberes, mas na sua constituição como centros da formação coletiva e humana (SANTOS, 2000, 2004).

A relação pedagógica no espelho do portfólio: revelando oportunidades formativas

Nesta experiência acadêmica a dimensão humana e política esteve em cena, dando relevância aos diversificados registros presentes no portfólio como componente integrador da relação pedagógica e da avaliação – como *oportunidades formativas*. Isto não tem outra razão de ser, senão pelo fato de que, ao se avaliar uma pessoa, essa vem quase sempre seguida de instrumentos de registros que, se bem orientados, podem produzir aprendizagens significativas. Nesse sentido, trabalhou-se com a marca indissociável da avaliação e a possibilidade de formação humana, sendo esses, por sua vez, relacionados a uma adequada relação ensino-aprendizagem.

Embora a universidade seja o lugar do ensino, da pesquisa e da extensão, também revela-se como um espaço que ainda apresenta vestígios significativos da reprodução social, da violência simbólica e individual (BOURDIEU, 2007), da (re-)copiação didática. Entretanto, este trabalho veio acentuar, no contraponto, o avesso dessa situação revelando *possibilidades formativas* que podem ser focadas com vistas a uma (re-)significação de práticas pedagógicas acadêmicas, onde se enfatiza como achados deste trabalho os seguintes aspectos:

1) o registro docente da construção da aula;
2) a elaboração dos projetos de trabalho discentes;
3) o uso da fotografia como registro da prática pedagógica;
4) o uso de portfólios documentando o processo de aprendizagem.

Práticas essas que provocaram a curiosidade, a investigação, a sistematização dos conhecimentos produzidos por uma ação participativa dos sujeitos aprendentes. Com as memórias docente e discentes (capítulos 2, 3, 4 e 5), a professora e os estudantes foram vistos debatendo a forma da organização da aula, como experimentá-la, e as formas de registrar esses conhecimentos. Nos excertos extraídos dos portfólios, nos depoimentos revelados no grupo focal pelos estudantes, mostrou-se as ações implementadas, que estavam *recheadas* de construções e certezas, mas também incertezas, angústias e conflitos da docente e dos discentes. Ao produzirem possibilidades diversificadas de registrar, de documentar o conhecimento, potencializam-se aprendizagens de caráter atitudinal, procedimental, conceitual, na medida em que os alunos foram convidados a se tornarem produtores e atores na/da cena pedagógica. Os sujeitos em destaque neste livro construíram registros que podem ser intitulados democráticos e, nesse sentido, emancipadores. Eles representavam seus protestos, sua escuta, sua participação. O poder simbólico presente na relação professor-aluno estava, desta forma, diluído, minimizado, compartilhado (REZENDE, 2010).

A imersão analítica da autora na construção dos portfólios permitiu observar diferentes formas de registrar: a arte de transformar uma observação em um texto poético, jornalístico, acadêmico dentre outras possibilidades... de desenhar, musicar, poetizar e/ou pintar uma observação de aula. A arte de observar com as lentes de uma câmera fotográfica. A arte de fazer painéis para representar os tempos de vida humana (infância, juventude, adultez, velhice). A capacidade de fazer painéis para falar de infância(s). De recortar e montar colagens, de fazer quadrinhos, de usar as fotos de múltiplas formas, de construir o roteiro de uma peça e encená-la dentre outras possibilidades para apresentar projetos de trabalho. Estas oportunidades formativas fizeram dos atores/alunos artistas em potencial, representando sua vida, seus desejos, seus sonhos e, até mesmo, sua falta de ideal.

A fotografia como fonte de conhecimento e a *produção discente*

As fotografias deram visibilidade aos sujeitos da cena pedagógica. Imortalizaram-se as cenas em que discente e docente criaram significantes estratégias de ensino, de registros acadêmicos, ilustrando, congelando, desvelando e revelando que é possível efetivar para construção de uma nova prática didática que seja de fato inovadora. Nos projetos produzidos pelos discentes, conhecimentos múltiplos foram sendo incorporados pelos acadêmicos e pela professora nos processos e produtos deste trabalho. Essa experiência didática revelou-se como uma produção discente – uma *poiésis*[5]. Esse fazer dos estudantes, enfatizando o uso das fotografias como elemento didático, fez aparecer o que, muitas vezes, a avaliação clássica deixa ficar encoberto. Fazer *des-encobrir*[6] o que está encoberto é a essência da verdade avaliativa: a possibilidade de aprendizagens relevantes e significativas.

A avaliação formativa e a autoavaliação: aliadas complementares

A autoavaliação é uma aliada para a avaliação formativa por ser efetuada no decorrer da aprendizagem, especialmente quando documentada e, quando se reflete sobre ela, tem força para auxiliar no processo de aquisição e apropriação dos mecanismos desencadeados pela tarefa e pelas propriedades do tema em estudo. Propor a autoavaliação é mais do que uma técnica secundária de avaliação, é o meio essencial de transformar o conhecimento do aluno em algo mais que simples competência sobre a qual não refletiu. Levar o estudante a se envolver conscientemente no processo de modo que experimente sucessos configura o ato amoroso da avaliação (LUCKESI, 1996).

O portfólio, utilizado como ferramenta de avaliação formativa, até onde foi possível perceber, possibilitou ao aluno se orientar no processo de aprendizagem, percebendo os caminhos a trilhar e obstáculos a vencer. Além disso, o monitoramento do processo num contexto menos pontual é uma estimulante forma de fazer ajustes proveitosos no sistema (SACRISTÁN, 1998).

---

5. Heidegger (2002), apud Carvalho (2006), diz que a *phýsis* era o eclodir da *pro-dução*, uma vez que aquela significa o surgir e elevar-se por si mesmo.

6. Heidegger (2002), apud Carvalho (2006), aponta que, ao deixar-se dispor o disponível, como tal *des-encobre* o vigente em sua vigência. Ora, todo desencobrimento é linguagem.

A autoavaliação, componente singular e plural para a efetivação da avaliação formativa, possibilita antever a aprendizagem: fornece elementos que orientarão as aprendizagens posteriores, dando pontos de referência, rumos a seguir e saídas possíveis (ABRECHT, 1994).

Nesse sentido, trabalhou-se para desenvolver a independência dos estudantes, ensinando-os, por meio da análise dos trabalhos realizados, a serem responsáveis pelo próprio aprendizado e dando-lhes as ferramentas para assumirem-no com equilíbrio e segurança (HARGREAVES, 2001: 193).

A proposta do uso do portfólio como ferramenta de avaliação formativa mostrou-se coerente com o entendimento de uma avaliação colocada a serviço da aprendizagem, conectada no processo e não apenas como um momento estanque. Nesse sentido, essa pesquisa revelou *achados* significativos:

1) a capacidade de exercitar um autêntico formato avaliativo;
2) os estudantes foram motivados a demonstrar suas habilidades específicas, participaram ativamente e demonstraram suas competências e valores;
3) o estudante, tomando consciência do seu aprendizado e que tipo de conhecimento a ação pedagógica propiciou;
4) a reflexão como ponto central para autoavaliação do seu aprendizado;
5) uma constante alimentação e *feedback* das informações elaboradas durante o curso.

A avaliação formativa permitiu ao próprio aluno *olhar* aquilo que fez, de forma que tomasse consciência do processo e do resultado e melhorasse a eficácia de sua ação. Desenvolver a capacidade de avaliar os próprios conhecimentos e esforços, ajustando-os, quando necessário, a situações novas e à resolução de problemas foram oportunidades formativas que emergiram do processo. A autoavaliação foi capacitando os estudantes a monitorarem a própria aprendizagem, responsabilizando-os pelo processo envolvido. Nesse sentido é o estudante quem manipula os saberes, identificando o que ganhou em aprendizagem e o que ainda precisa interiorizar.

Os resultados se coadunam com as perspectivas de avaliação formativa como apontada por Hadji (2001). Para esse autor, a avaliação deve introduzir estratégias efetivas, capazes de combater a inércia de procedimentos classificatórios (e/ou apenas com uma verificação) para uma vivência criadora de acompanhamento da progressão dos alunos. Assim, produz argumentos relevantes indicando que a avaliação deve ser entendida como um elemento a serviço das aprendizagens, possibilitando compreender a situação dos estudantes, equacionando o seu desempenho alimentado por indicações dadas pelo(a) docente que façam o(a) aluno(a) prosseguir e não recrudescer.

Avaliação na perspectiva da reflexibilidade: uma ação política autoformadora

A experiência colocada em *xeque* para análise desenvolveu-se ao nível da avaliação emancipatória, traduzida por meio da valorização da consciência dos estudantes sobre o seu processo de aprendizagem e na promoção de práticas educativas não excludentes. Defende-se a concepção radical das potencialidades educacionais da avaliação formativa no contexto universitário como dispositivo emancipatório, pois ela poderá revelar novas possibilidades criadoras, educar para a autonomia, reconstruir novos formatos, com novas fronteiras e atores, na concretização efetiva de direitos sociais e culturais, hoje fortemente ameaçados. Concorda-se que qualquer proposta de reforma na política da universidade deve ter por princípio o lugar da educação como bem público, em que se expressam os propósitos coletivos de uma dada sociedade – sendo os direitos e as necessidades sociais estabelecidos por meio de escolhas publicamente construídas. Entende-se, ainda, que o domínio público deve preservar os seus valores específicos como a equidade, a justiça e a cidadania, sendo que a avaliação pode ser uma aliada, indo ao encontro dessa finalidade. Entretanto, sabe-se que, entre os ideais educativos e sua efetivação prática, principalmente no que tange à avaliação, existem desafios a ser desmistificados, vencidos, desvelados. Os educadores precisam ficar atentos, pacientes e persistentes no propósito de colaborar na construção de instituições de ensino superior de qualidade social para todos, tendo o cuidado de, na recaída e/ou nas incertezas provocadas pelas mudanças, não almejarem o desenvolvimento da universidade meritocrática, em uma nova fase, como já pode-se perceber em muitas ações, regras, normas reguladoras instituídas num contexto crescente tanto micro como macro.

REFERÊNCIAS

ABRECHT, R. (1994). A *avaliação formativa*. Rio Tinto, Port.: Asa.

AFONSO, A.J. (2000). *Avaliação educacional: regulação e emancipação* – Para uma sociologia das políticas avaliativas contemporâneas. São Paulo: Cortez.

ALARCÃO, I. (org.) (2001). *Escola reflexiva e nova racionalidade*. Porto Alegre: Artmed.

ALVES, L.P. (2008). *Portfólios como instrumento de avaliação dos processos de ensinagem* [Disponível em http://www.ensinofernandomota.hpg.ig. com. br/textos – Acesso em dez./2008].

ANDRADE, R. (2002). *Fotografia e antropologia*: olhares fora dentro. São Paulo: Estação Liberdade/Educ.

ARAÚJO, Z.R. & ALVARENGA, G.M. (2006a). "Portfólio: aproximando o saber e a experiência". *Est. Aval. Educ.*, vol. 17, n. 34, mai.-ago. São Paulo [on-line – Acesso em 17/05/07].

_____ (2006b). "Portfólio: uma alternativa para gerenciamento das situações de ensino e aprendizagem". *Est. Aval. Educ.*, vol. 17, n. 35, set.-dez. São Paulo [on-line – Acesso em 17/05/07].

ARENDT, H. (1983). *A condição humana*. Rio de Janeiro: Forense [Trad. de R. Raposo].

ARTER, M.W. (1987). *Educación y poder*. Barcelona: Paidos.

BALL, S.J. (2004). "Performatividade, privatização e o pós-Estado do bem-estar". *Educação e sociedade*, vol. 25, n. 89, set.-dez., p. 1.105-1.126. Campinas.

BARRIGA, A.D. (2000). "Uma polêmica em relação ao exame". In: ESTE-BAN, M.T. et al. (orgs.). *Avaliação*: uma prática em busca de novos sentidos. Rio de Janeiro: DP&A.

BARROS, A.B.L. et al. (2003). "Situações geradoras de ansiedade e estratégias para seu controle entre enfermeiras: estudo preliminar". *Rev. Latinoamericana de Enfermagem*, vol. 11, n. 5, p. 585-592 [on-line].

BARROSO, J. (2005). "O Estado, a educação e a regulação das políticas públicas". *Educação e Sociedade*, vol. 26, n. 92, out., p. 725-751. Campinas.

BARTHES, R. (1984). *Câmara clara* – Notas sobre fotografia. Rio de Janeiro: Nova Fronteira [Trad. de J.C. Guimarães].

BARTON, J. & COLLINS, A. (1997). *Portfolio assessment*: a handbook for educator. Nova York: Dale Seymour.

BILIMÓRIA, H. & ALMEIDA, L.S. (2008). "Aprendizagem autorregulada – Fundamentos e organização do Programa Saber". *Psicol. Esc. Educ.*, vol. 12, n. 1, jun., p. 13-22.

BLEGER, J. (1989). "Grupos operativos no ensino". BLEGER, J. *Temas de psicologia*: entrevista e grupo. 4. ed. São Paulo: Martins Fontes.

BOGDAN, C.R. & BIKLEN, S.K. (1994). *Investigação qualitativa em educação* – Uma introdução à teoria e aos métodos. Porto: Porto Ed. [Trad. de A. Franco Vasco et al.].

CANDAU, V. (2000). "A didática hoje: uma agenda de trabalho". In: XXIII ANPED. *Educação não é privilégio*. Caxambu, p. 1-11.

CARVALHO, R.B. (2006). *A ciência do real e a poiésis*. Rio de Janeiro: UFRJ, 111 fls. [Dissertação de mestrado em letras].

CASTRO, M.S.N. (2007). *Processos de autorregulação da aprendizagem*: impacto de variáveis acadêmicas e sociais, 177 fls. Braga: Universidade do Minho [on-line – Dissertação de mestrado em Psicologia].

CHAVES, S.M. (2004). "Avaliação da aprendizagem no Ensino Superior: realidades, complexidades e possibilidades". In: 27ª ANPED. *Sociedade, democracia e educação*: Qual Universidade? Caxambu.

COLL, C. (2000). *Os conteúdos na reforma* – Ensino e aprendizagem de conceitos, procedimentos e atitudes. Porto Alegre: Artes Médicas.

CUNHA, M.I. (2004). "A docência como ação complexa – O papel da didática na formação de professores". In: XII Encontro Nacional de Didática e Prática de Ensino. *Conhecimento local e conhecimento universal*: pesquisa, didática e ação docente. Curitiba: Endipe.

_____ (1998). *O professor universitário na transição dos paradigmas*. Araraquara: Junqueira & Marin.

CUNHA, M.L. (org.) (2005). *Formatos avaliativos e concepções de docência*. Campinas: Autores Associados.

DALBEN, A.I.L.F. (1998). *A avaliação escolar*: um processo de reflexão da prática docente e da formação do professor no trabalho. Belo Horizonte: UFMG, 257 fls. [Tese de doutorado em Educação].

DEWEY, J. (1974a). *Experiência e natureza*. São Paulo: Abril [Os Pensadores].

_____ (1974b). *Experiência e educação*. São Paulo: Abril [Os Pensadores].

_____ (1959). *Como pensamos* – Como se relaciona o pensamento reflexivo com o processo educativo: reexposição. 3. ed. São Paulo: Nacional [Trad. de G. Rangel e A. Teixeira].

EASLEY, S. & MITCHELL, K. (2003). *Portfolio matter*: What, where, when, why and how to use them. Ontário: Pembroke.

ELIAS, M.D.C. (2001). *O que sabe quem erra?* – Reflexões sobre avaliação e fracasso escolar. Rio de Janeiro: DP&A.

_____ (2000). *De Emilia a Emílio* – A trajetória da alfabetização. São Paulo: Scipione.

ESTEBAN, M.T. (org.) (2000). *Avaliação*: uma prática em busca de novos sentidos. Rio de Janeiro: DP&A.

FERNANDES, R.S. & PARK, M. (2006). "Lembrar esquecer – Trabalhando com as memórias infantis". *Cadernos Cedes*, vol. 26, n. 8, p. 39-59. Campinas [Disponível em http://www.scielo.br/scielo.php? script=sci_arttext&pid=S0101- 32622006000100004&lng=pt&nrm=iso – Acesso em 24/04/07].

FERNANDEZ, D. et al. (1994). "Portfólios: para uma avaliação mais autêntica, participativa e mais reflexiva". *Pensar avaliação, melhorar a aprendizagem*. Lisboa: IIE.

FERREIRA, C.L. et al. (2009). "Universidade, contexto ansiogênico? – Avaliação de traço e estado de ansiedade em estudantes do ciclo básico". *Ciênc. Saúde Coletiva*, vol. 14, n. 3, p. 973-981 [on-line].

FREIRE, P. (1999). *Pedagogia da autonomia*: saberes necessários à prática educativa. 13. ed. São Paulo: Paz e Terra.

_____ (1987). *Pedagogia do Oprimido*. 17. ed. Porto: Afrontamento.

_____ (1982). *Ação cultural para a liberdade e outros escritos*. 8. ed. Rio de Janeiro: Paz e Terra.

GARDNER, H. (2000). *Inteligências múltiplas*: a teoria na prática. Porto Alegre: Artmed.

HACKER, D.J. (1998). "Definitions and empirical foundations". In: HACKER, D.J.; DUNSLOSKY, J. & GRAESSER A.C. (orgs). *Metacognition and educational theory and practice*. Nova Jersey: Lawrence Erlbaum.

HADJI, C. (2001). *A avaliação desmistificada*. Porto Alegre: Artmed.

HARGREAVES, A. (2002). *Aprendendo a mudar* – O ensino para além dos conteúdos e da padronização. Porto Alegre: Artmed.

HARGREAVES, A.; EARL, L. & YAN, J. (2001). *Educação para a mudança* – Recriando a escola para adolescentes. Porto Alegre: Artmed.

HERNÁNDEZ, F. (2000). *Cultura visual, mudança educativa e projeto de trabalho*. Porto Alegre: Artes Médicas Sul.

_____ (1998). *Transgressão e mudança na educação*: os projetos de trabalho. Porto Alegre: Artmed [Trad. de J.H. Rodrigues].

HERNÁNDEZ, F. & VENTURA, M. (1998). *A organização do currículo por projetos de trabalho* – O conhecimento é um caleidoscópio. 5. ed. Porto Alegre: Artes médicas.

KAZ, L. & LODDI, N. (2009). *Arte e ousadia* – O Brasil na Coleção Sattamini. Rio de Janeiro: Aprazível [Textos e legendas – Rev. de P. Costa e Silva e P. Kaiser – Trad. de P.E. McDavid e. W.E. McDavid].

KLENOWSKI, V. (2003). *Developing portfolios for learning and assessment*: processes and principles. Londres: Routledge Falmer.

_____ (2001). "Portfolios: Promoting Teaching". *Assessment in Education*: principles, policy & practice, vol. 7, n. 2, jul. [s.l.]: Carfax/Taylor & Francis.

KOSSOY, B. (1989). *Fotografia e história*. São Paulo: Ática.

LARROSA, J. (1994). "Tecnologia do eu e educação". In: SILVA, T.T. (org.). *O sujeito da educação* – Estudos foucaultianos. Petrópolis: Vozes.

LIMA, I. (s.d.). *Pensador Info* [Disponível em http://www.pensador.info/frase/MzA5MjMx/ – Acesso em 20/09/08].

LUCKESI, C.C. (1997). *Avaliação da aprendizagem escolar*: estudos e proposições. 6. ed. São Paulo: Cortez.

LÜDKE, M. (1997). "Formação inicial e construção de identidade profissional de professores de 1º grau". In: CANDAU, V. (org.). *Magistério*: construção cotidiana. Petrópolis: Vozes.

MASETTO, M.T. (2000). "Mediação pedagógica e o uso da tecnologia". In: MORAN, J.M.; MASETTO, M.T. & BEHRENS, M.A. *Novas tecnologias e mediação pedagógica*. Campinas: Papirus.

MATURANA, R.H. (1998). *Emoções e linguagem na educação e política*. Belo Horizonte: UFMG [Trad. de J.F.C. Fortes].

MEIRIEU, P. (1998). *Aprender... sim, mas como?* Porto Alegre: Artes Médicas.

MELO, F.C.M. (2003). *Modelo para auxiliar a detecção de inteligências múltiplas*. Florianópolis: UFSC, 141 fls. [Dissertação de mestrado em Educação].

MELUCCI, A. (1997). "Juventudes, tempos e movimentos sociais". *Revista da Associação Nacional de Educação*. "Juventude e Contemporaneidade", mai.-dez., p. 5-14. São Paulo [Ed. especial].

MORIN, E. (1999). *Amor, poesia, sabedoria*. Rio de Janeiro: Bertrand, Prefácio.

MORIN, E. & LE MOIGNE, J.L. (2001). *A cabeça bem feita* – Repensar a reforma e reformar o pensamento. 3. ed. Rio de Janeiro: Berthrand [Trad. de E. Jacobina].

_____ (2000). *A inteligência da complexidade*. São Paulo: Peirópolis [Trad. de N.M. Falci].

MOULIN, N. et al. (1998). *Desatando os nós: avaliação do ensino a distância* – II Jornada de Educação a Distância. [s.l.]: Mercosul.

MUNIZ, V. (2007). *Reflex*: Vik Muniz de A a Z. São Paulo: Cosac Naify, 204 p.

NÓVOA, A. (1995). Formação de professores e profissão docente. In: NÓVOA, A. (org.). *Os professores e sua formação.* Lisboa: Dom Quixote.

_____ (1992). "Os professores e as histórias da sua vida". In: NÓVOA, A. (org.). *Vidas de professores.* Porto: Porto Ed., p. 11-30.

PAIVA, A.M.S.; SÁ, I.P. & NOVAES, J.A. (2006). *O uso do portfólio na avaliação da aprendizagem em Matemática* [Disponível em <http://www.sbemrj.com.br/spemrj6/artigos/a5.pdf – Acesso em 03/11/09]

PEREZ, F.G. & CASTILHO, D.P. (1991). *La mediación pedagógica.* São José, C. Rica: Radio Nederland.

PERNIGOTTI, J.M.I. et al. (2006). "O portfólio pode muito mais do que uma prova". *Pátio Revista Pedagógica*, vol. 4, n. 12, p. 54-56.

PERRENOUD, P. (2002). *A prática reflexiva no ofício de professor* – Profissionalização e razão pedagógica. Porto Alegre: Artes Médicas Sul [Trad. de C. Schilling].

_____ (2000). *Pedagogia diferenciada*: das intenções à ação. Porto Alegre: Artes Médicas Sul [Trad. de P.C. Ramos].

_____ (1999). *Avaliação: da excelência à regulação das aprendizagens* – Entre duas lógicas. Porto Alegre: Artes Médicas.

_____ (1995). *Ofício de aluno e sentido do trabalho escolar.* Porto: Porto Ed.

PORTELLI, A. (2004). "O momento da minha vida: funções do tempo na história oral". In: FENELON, D.R. et al. (orgs.). *Muitas memórias, outras histórias.* São Paulo: Olho d'Água, p. 296-313.

PREZOTTI, L. & CALLISTO, M. (2002). "A utilização da fotografia em educação ambiental". *Revista Presença Pedagógica*, vol. 8, n. 44, mar.-abr. Belo Horizonte.

RANGEL, J.N.M. (2003). "O portfólio e a avaliação no Ensino Superior". *Estudos em Avaliação Educacional*, n. 28, jul.-dez., p. 145-160 [on-line – Acesso em 30/07/08].

REZENDE, M.A.R. (2010). *A relação pedagógica e a avaliação no espelho do portfólio*: memórias docente e discente. Belo Horizonte: UFMG, 278 fls. [Tese de doutorado em Educação].

_____ (2004). *A relação/registro no ciclo da juventude*: limites e possibilidades na construção de uma prática educativa inovadora. Belo Horizonte: UFMG, 318 fls. [Dissertação de mestrado em Educação].

RIOS, T.A. (2001). *Compreender e ensinar* – Por uma docência da melhor qualidade. 2. ed. São Paulo: Cortez.

ROUSSEAU, J.J. (1999). *Emílio ou da educação*. São Paulo: Martins Fontes [Trad. de R.L. Ferreira].

SÁ-CHAVES, I.S. (2000). *Portfólios reflexivos*: estratégias de formação e de supervisão. Aveiro, Port.: Universidade.

_____ (1998). "Portafolios: no fluir das concepções, das metodologias e dos instrumentos". In: ALMEIDA, L.S. & TAVARES, J. (orgs.). *Conhecer, aprender, avaliar*. Porto Alegre: [s.e.], p. 135-141.

SACRISTÁN, J.G. (1998). "Avaliação no ensino". In: SACRISTÁN, J.G. & GOMEZ, A.L.P. *Compreender e transformar o ensino*. Porto Alegre: Artes Médicas, p. 297ss.

SANTOMÉ, J.T. (1998). *Globalização e interdisciplinaridade*: o currículo integrado. Porto Alegre: Artes Médicas.

SANTOS, B.S. (2004). *A universidade no século XXI* – Para uma reforma democrática e emancipatória da universidade. São Paulo: Cortez.

_____ (2000). *A crítica da razão indolente: contra o desperdício da experiência* – Para um novo senso comum: a ciência, o direito e a política na transição paradigmática. 2. ed. São Paulo: Cortez.

_____ (1989). *Pela mão de Alice* – O social e o político na Pós-modernidade. São Paulo: Martins Fontes.

SAUL, A.M. (1994). *Avaliação emancipatória*. 2. ed. São Paulo: Cortez.

SCHÖN, A.D. (2000). *Educando o profissional reflexivo* – Um novo *design* para o ensino e a aprendizagem. Porto Alegre: Artmed.

SELDIN, P. (2004). *The Teaching Portfolio* – A practical guide to improved performance and promotion/tenure decisions. Boston, MA: Anker Publishing.

SHORES, E.F. & GRACE, C. (2001). *Manual de Portfólio*: um guia passo a passo para professores. Porto Alegre: Artmed [Trad. de R.C. Costa].

SILVA, C.M. (s.d.). *Pedagogia do encantamento* [Disponível em http://www.ces.fe.uc.pt/lab2004/inscricao/pdfs/painel22/CleideMartinsSilva.pdf – Acesso em 11/11/08].

SILVA, T.T. (1999). *Documentos de identidade* – Uma introdução às teorias do currículo. Belo Horizonte: Autêntica, 156 p.

SOARES, C.C. (2002). *Avaliação formativa* versus *classificatória*. Belo Horizonte: CPP.

SOUSA, A.M.C.; FELTRAN, C.S. & MARTINS, R.M.A. (2008). *Avaliação em cursos virtuais* – O portfólio na aprendizagem independente [Disponível em http://e-spacio.uned.es/fez/eserv.php?pid=bibliuned:1110&dsID=n09costa01.pdf – Acesso em 10/10/08].

SOUSA, C. (1998). "Portafólio: um instrumento de avaliação de processos de formação, investigação e intervenção". In: ALMEIDA, L.S. & TAVARES, J. (orgs.). *Conhecer, aprender, avaliar*. Porto Alegre: [s.e.], p. 135-141.

SOUSA, C.P. (2004). "Avaliação do aluno do Ensino Superior em sala de aula". In: XII ENDIPE. *Conhecimento local e conhecimento universal*: pesquisa, didática e ação docente. Curitiba: Endipe.

TARDIF, M. (2002). *Saberes docentes e formação profissional*. Petrópolis: Vozes.

VALENTE, S.M.P. & REZENZE, L.A. (2006). "O uso do portfólio em projeto de pesquisa". *Est. Aval. Educ.*, vol. 17, n. 33, jan.-abr. São Paulo [On-line – Acesso em jun./2007].

VEIGA, I.P.A. (2004). "As dimensões do processo didático na ação docente". In: XII ENDIPE. *Conhecimento local e conhecimento universal*: pesquisa, didática e ação docente. Curitiba: Endipe.

VIEIRA, M.O. & SOUSA, C.P. (2001). "Contribuições do portfólio para avaliação do aluno universitário". *Estudos em Avaliação Educacional*, n. 23, jan.-jun., p. 137-152. São Paulo.

VILLAS BOAS, B.M.F. (2004). *Portfólio, avaliação e trabalho pedagógico*. Campinas: Papirus.

_____ (2001). "Contribuições de portafólios para a organização do trabalho pedagógico". *Estudos em Avaliação Educacional*, n. 23, jan.-jun. 2001. São Paulo.

VYGOTSKY, L.S. (1991). *A formação social da mente* – O desenvolvimento dos processos psicológicos superiores. 4. ed. São Paulo: Martins Fontes [Trad. de J. Cipolla Neto et al.].

WEFFORT, M.F. (1992). *Observações, registro, reflexão:* instrumentos metodológicos. São Paulo: Espaço Pedagógico.

ZABALA, A. (2002). *Enfoque globalizador e pensamento complexo:* uma proposta para o currículo escolar. Porto Alegre: Artmed [Trad. de E.F. Rosa].

_____ (1998). *A prática educativa* – Como ensinar. Porto Alegre: Artmed [Trad. de E.F. Rosa].

CULTURAL

Administração
Antropologia
Biografias
Comunicação
Dinâmicas e Jogos
Ecologia e Meio Ambiente
Educação e Pedagogia
Filosofia
História
Letras e Literatura
Obras de referência
Política
Psicologia
Saúde e Nutrição
Serviço Social e Trabalho
Sociologia

CATEQUÉTICO PASTORAL

Catequese
Geral
Crisma
Primeira Eucaristia

Pastoral
Geral
Sacramental
Familiar
Social
Ensino Religioso Escolar

TEOLÓGICO ESPIRITUAL

Biografias
Devocionários
Espiritualidade e Mística
Espiritualidade Mariana
Franciscanismo
Autoconhecimento
Liturgia
Obras de referência
Sagrada Escritura e Livros Apócrifos

Teologia
Bíblica
Histórica
Prática
Sistemática

REVISTAS

Concilium
Estudos Bíblicos
Grande Sinal
REB (Revista Eclesiástica Brasileira)
SEDOC (Serviço de Documentação)

VOZES NOBILIS

Uma linha editorial especial, com importantes autores, alto valor agregado e qualidade superior.

VOZES DE BOLSO

Obras clássicas de Ciências Humanas em formato de bolso.

PRODUTOS SAZONAIS

Folhinha do Sagrado Coração de Jesus
Calendário de mesa do Sagrado Coração de Jesus
Agenda do Sagrado Coração de Jesus
Almanaque Santo Antônio
Agendinha
Diário Vozes
Meditações para o dia a dia
Encontro diário com Deus
Guia Litúrgico

CADASTRE-SE
www.vozes.com.br

EDITORA VOZES LTDA.
Rua Frei Luís, 100 – Centro – Cep 25689-900 – Petrópolis, RJ
Tel.: (24) 2233-9000 – Fax: (24) 2231-4676 – E-mail: vendas@vozes.com.br

UNIDADES NO BRASIL: Belo Horizonte, MG – Brasília, DF – Campinas, SP – Cuiabá, MT
Curitiba, PR – Florianópolis, SC – Fortaleza, CE – Goiânia, GO – Juiz de Fora, MG
Manaus, AM – Petrópolis, RJ – Porto Alegre, RS – Recife, PE – Rio de Janeiro, RJ
Salvador, BA – São Paulo, SP